KB200839

하나님 마음 듣기

하나님 마음 듣기

지은이 · 이희녕
초판 발행 · 2017. 3. 2

등록번호 · 제1988-000080호
등록된 곳 · 서울특별시 용산구 서빙고로65길 38
발행처 · 사단법인 두란노서원
영업부 · 2078-3352 FAX 080-749-3705
출판부 · 2078-3331

책 값은 뒤표지에 있습니다.
ISBN 978-89-531-2798-2 03230

독자의 의견을 기다립니다.
tpress@duranno.com   http://www.duranno.com

두란노서원은 바울 사도가 3차 전도여행 때 에베소에서 성령 받은 제자들을 따로 세워 하나님의 말씀으로 양육하던 장소
입니다. 사도행전 19장 8-20절의 정신에 따라 첫째 목회자를 돕는 사역과 평신도를 훈련시키는 사역, 둘째 세계선교(TIM)
와 문서선교(단행본·잡지) 사역, 셋째 예수문화 및 경배와 찬양 사역, 그리고 가정·상담 사역 등을 감당하고 있습니다.
1980년 12월 22일에 창립된 두란노서원은 주님 오실 때까지 이 사역들을 계속할 것입니다.

하나님
마음 듣기

이희녕 지음

두란노

● **c o n t e n t s**

큐티는 영혼의 일기입니다. 우리의 일기는 날마다 일어나는 일들을 기록하지만, 큐티는 하나님 말씀이라는 거울에 비춘 내 마음의 일기입니다. 큐티하는 그 시간은 하나님 앞에 사는 사람들이 가장 즐거워하는 내용으로 가득한 복된 시간들입니다.

그러나 큐티는 자기 자신에게 신실해야 하기 때문에 고통스러운 작업이기도 합니다. 세상에서 가장 추하고 악하고 못된 모습은 바로 자신입니다. 자신을 아는 지식보다 고통스럽고 아픈 지식이 없습니다. 그렇지만 한편으로는 자신을 아는 지식이야말로 하나님을 아는 영광의 지름길이기도 합니다. 나의 부족함을 알 때에 풍성하신 하나님을, 내 연약함을 알 때에 전능하신 하나님을, 내 죄악을 알 때에 그분의 거룩하심을 사모하고, 만나서 그분의 영광을 붙잡는 놀라운 축복을 얻게 됩니다. 큐티를 통해 하나님의 말씀에 비추인 내가 누구인지를 만나게 됩니다.

이희녕 사모님은 47년 전 예수 그리스도를 구세주와 주님으로 영접한 후 40여 년의 미국 이민 목사 사모로 섬기면서 가난한 심정을 갖게 되었고 하나님 앞에 더 가까이 나아가며, 오랜 세월 꾸준한 큐티를 통해 힘을 얻고 하나님이 주시는 놀라운 축복을 붙잡았습니다.

묵상 칼럼을 보면 하나님께서는 임재하신 그분과 함께할 때 얼마나 큰 영광이 따르는지를, 살아 계신 하나님께서 탄식할 때 인생이 얼마나 곤고한지를, 그리고 하나님께서 외면하실 때 인생이 얼마나 비참해지는지를 생생하게 보여 줍니다. 하나님을 생생하게 알아가는 놀라운 축복을 하나하나 붙잡은 이희녕 사모님의 글은 그리스도인들이 모두 공통적으로 느끼는 감정이자, 사실입니다.

같은 은혜가 우리 안에 넘치기를, 묵상된 말씀이 우리 속에서 능력으로 충만하고 풍성해지기를 참으로 소원합니다. 이 책을 통해 하나님께서 자신을 하나님 말씀 앞에 바로 세우는 축복을 주실 것입니다. 그래서 그 말씀이 인도하는 삶의 영광스러움을 아름답고 귀하게 드러내실 줄로 믿습니다. 그러기에 이 책을 하나님을 사랑하는 갈급한 심령들에게 권합니다. 번민이 말씀의 확신으로 변하여 구원의 기쁨을 회복할 것을 확신하기 때문입니다.

홍정길_남서울은혜교회 원로 목사

저의 영원한 배필이자 연인이며 동역자인 아내가 이전에 펴낸《곤고한 심령이 살아나는 만져주심》이 잔잔하나 깊은 영적 감동을 일으키고 있습니다. 한국은 물론 전 세계에 흩어진 한인 나그네, 믿음의 순례자들에게 주님과 참되게 동행하는 맑고 아름다운 영성의 삶을 위한 안내서로 사랑받고 있음을 주님께 감사합니다.

주님과의 동행에 필수 요소는 성경 말씀과 기도입니다. 주님을 처음 만난 후 아내는 지난 47년간을 끈질기게 말씀 묵상과 기도와 더불어 큐티 전도사로 살아왔습니다. 진솔한 매일의 큐티 향기가 글로 표현되어 이제 큐티 영성 칼럼집으로 나오게 되었습니다. 기쁘고 감사한 일입니다. 말씀들을 가슴에 품고 기도할 때 성령이 주시는 영감의 도우심으로 자신의 삶의 아픔과 절망들을 환희와 승리로 이끌어 간 간증입니다. 아내가 그 일을 오직 주님의 도우시는 은혜로 이루게 됨을 치하합니다.

이 책을 읽는 모든 분들도 광야 같은 장애물이 아무리 클지라도 부어주시는 은혜로 소망에 찬 승리의 노래를 함께 부르실 것을 확신합니다. 이 땅 위의 모든 주의 백성들이 이 책을 읽고 주님과 동행하는 맑은 영성의 삶이 항상 새롭고 아름답게 펼쳐져 나가기를 기도하며 오직 주님께만 영광을 드립니다.

강세대_뉴저지 프린스턴 한인교회 담임목사, 《하나님, 사람에게 감동받다》의 저자

이희녕 사모님을 떠올릴 때마다 '따뜻하고 사랑이 많으신 분'이라는 생각을 합니다. 지금의 모습은 아마도 사모님이 40여 년의 이민 목회 가운데 고난을 체휼하시면서 빚어진 아름다운 향기가 아닌가 합니다. 저도 한동

대 사역을 하면서 숱한 고난과 역경을 경험했습니다. 그때 깨달은 것은 우리 그리스도인들에게 고난과 역경은 필수 과목이라는 것입니다. 저는 광야의 언어를 배워 가던 때에 매일 큐티하면서 하나님의 놀라운 메시지를 들었습니다.

인생은 각자 나름대로의 역경이 다 있습니다. 그런데 이것을 어떤 눈으로 보느냐는 개인마다 다를 것입니다. 이희녕 사모님은 깨지고 터지고 못난 모습 그대로 하나님께 나아갔습니다. 하나님의 놀라운 회복과 만져 주심을 경험했고 귀한 은혜를 작은 냉수 한 컵이라도 건네는 심정으로 나누고 있습니다.

갈 바를 알지 못해 혼란스럽고 불안한 우리 심령들이 이 책을 통해 하나님의 마음에 주파수를 맞추는 삶을 살도록 도울 것입니다. 목마른 영혼이 아버지의 품에 안겨 날마다 새롭게 회복되는 경험을 할 것입니다.

김영애_《갈대상자》, 《구름기둥》의 저자

하나님의 말씀을 묵상하고 은혜를 나눈 큐티 생활이 어언 40년이 되어 온다. 돌아보면 매일 아침에 묵상했던 말씀이 현재의 나를 있게 하지 않았나 생각된다. 그런데 언제부터인가 말씀 묵상이 기계적으로 되어 버리는 것을 느낀다. 하나님의 음성을 깊이 듣기보다는 그때 필요한 지혜를 얻는 데 급급하게 되고 그러니까 기도 역시 급한 문제의 해결을 위한 기도가 된 것 같다.

그런데 이희녕 사모님의 묵상을 읽으면서 내가 하고 있는 큐티와는 다른 점을 발견했다. 짧은 구절에 대한 묵상 속에서도 하나님의 음성이 그분의 마음속 깊이 찾아드는 것을 느낄 수 있었다. 그렇게 되니까 기도가 말씀에서부터 흘러나오는 신앙고백으로 들려온다. '여성이어서 그런가, 감성적이어서 그런가?'라는 질문을 던져 보면서 나의 묵상을 돌아보게 되었다.

본문 전체를 살펴보는 식의 큐티는 자칫 성경공부가 되기 쉽다. 오히려 뇌리에 스며드는 한두 구절의 집중 묵상이 더 심령을 강하게 변화시키는 것 같다. 자신의 삶에 말씀을 깊이 적셔 생각하니 저절로 주님을 향해 사랑의 노래가 흘러나오게 된다. 이것이 바로 주님이 기뻐하시는 기도인 것이다.

나를 비롯해서 많은 사람들이 이희녕 사모님의 묵상을 따라 읽으면서 처음 큐티를 통해 경험했던 묵상의 맛과 기쁨을 다시금 회복하기를 기도한다.

방선기_전 이랜드 사목, 일터사역연합 대표

이희녕 사모님의 글은 깊은 우물에서 길어 낸 시원한 생수와 같다. 이 글이 나오기까지 하나님 말씀을 깊이 묵상한 흔적이 느껴진다. 우선 하나님의 마음을 헤아리고 그분의 음성을 듣고자 하는 태도가 특별하다. 이 방식은 아전인수 격으로 성경 본문을 해석하여 적용하는 현대인들에게는 코페르니쿠스적인 착상이며 이것이 특별 계시인 성경을 대하는 올바른 태도라 생각된다.

그래서 그런지 이희녕 사모님의 글은 평소에 느끼지 못했던 성경의 깊은 맛을 느끼게 해주는 촉매가 되어 주고 있다. 이것은 그가 평소에 말씀을 가까이하며 깊이 묵상하고 적용하며, 또한 부군인 강세대 목사의 목회를 오랫동안 보필하면서 쌓은 그의 내조의 힘이기도 하리라.

21세기는 한치 앞을 예측할 수 없을 만큼 변화가 많은 격동의 시대이다. 성경을 기록했던 저자들의 시대와는 너무나도 다른 시대이다. 그러하기에 2천 년 전 시대의 문화 속에서 그 당시의 말로 기록된 하나님 말씀의 원뜻을 이해하기 위해서는 이희녕 사모님의 묵상 방식이 오늘날 우리에게 참으로 유용한 것 같다. 하나님의 마음을 읽는 훈련, 이를 통해 현대 그리스도인들은 21세기에 필요한 신적 지혜를 얻을 수 있으며 하나님의 참다운 인도를 받을 수 있을 것으로 여겨져 적극 추천하는 바이다.

한정국_선교사, KWMA 전 사무총장

오랜 세월 광야의 생활과도 같은 미국 이민 생활의 수없는 파고(波高) 속에서 저자는 하나님의 이끄심으로 헌신과 나눔을 통하여 새로운 힘을 공급받고, 받은 하나님의 은사를 함께 나눔으로 가나안을 향해 갈 수 있었습니다. 제가 10여 년간 옆에서 봐온 저자는 사모로서 겪었던 외로움과 괴로움을 기도와 믿음으로 감내하면서 자신의 아픈 경험들을 조국의 상처받고 지쳐 있는 사모들과 함께 나누고 상처를 치유하며 일으켜 주며 큰 도움을 주었습니다.

이 책이 영적으로 지쳐 있고 어려움 가운데 있는 성도들에게, 특히 어미의 심정으로 정리한 말씀 큐티집을 통해 하나님의 마음을 알아듣고, 하나님과 친밀한 관계를 갖도록 이끌며, 영적 성장에 도움을 주고, 생수와 같은 시원함과 소망을 주는 길잡이가 되리라 확신합니다.

유영삼_영광교회 담임목사

말씀 사랑으로 정열을 불태우며, 이 땅에 세우신 각 교회 사모님들을 지극히 사랑하는 마음으로 태평양을 넘나들었습니다. 그렇게 뿌린 사랑의 눈물들을 함께 누리고 나누며 주의 순결한 신부들로 세워지기를 간절히 사모하는 마음으로 이희녕 사모님을 멘토로 모시고 동역한 지 17년이 되었습니다. 그리고 또 이렇게 한 권의 책으로 소중한 마음을 내놓으시니 참 감사합니다.

주의 사랑에 목마른, 사랑하는 사모님들에게 따뜻한 사랑으로 안겨 드리고 싶은 마음으로 연약한 저에게 추천을 부탁하신 거라 여겨져 더 감격합니다. 이 큐티 칼럼집이 갈한 영혼들의 손에 들려져 마음에 감동을 일으키고 심령이 깊이 치유되며 넉넉히 해갈되기를 소망합니다. 또한 아버지의 마음을 더 깊이 알아가는 지침서로 사용되기를 소원합니다. 사랑하는 조국의 아픔을 주의 말씀으로 이겨 내기를 간절히 바라는 마음에 공감하며 기도로 연합하여 감히 이 글을 씁니다.

이미자_찬양사역 전도사

서울지구 나사렛 형제들의 큐티 멘토이신 이희녕 사모님과 함께 그간 큐티하며 임한 은혜를 나눕니다.

첫째, 큐티를 통해서 삶 가운데 생생하게 살아 계신 주님을 만나는 은혜를 받았습니다. 특별히 인물 묵상은 성경 인물 한 명 한 명을 통한 하나님의 성품과 계시 속으로 깊이 들어가게 해 주었습니다.

둘째, 하나님의 나라 같은 큰 주제를 통해 구체적인 성품과 평소의 내 삶 속에 좀 더 구체적으로 적용되어야 할 것들이 실질적으로 다가왔습니다. 평생 예수님 제자로서의 비전과 목표가 명확해져 삶에서 구체화시키며 실천하는 삶의 예배자가 되고자 굳게 결심하고 살게 되었습니다.

셋째, 여러 번 성경통독하며 늘 답답한 갈증들이 매일 큐티로 보강되며 주님과의 만남이 더 깊어졌습니다. 말씀에 뻣뻣하게 반응하던 제 모습이 변혁되어 주님과 살가운 대화를 나누게 되었습니다. 열심히 푯대를 향해 뛰어갔지만 내 자의대로 나의 의를 세웠던 모습을 깊이 목도했습니다. 묵묵히 주님과 말씀대로 동행하시는 이희녕 사모님의 삶이 큰 감동으로 다가옵니다.

평생 예수님 제자로 산다고 생각했으나 여전히 주님 앞에 불순종과 불신앙적인 모습을 깨닫고, 한밤중에 회개 감사 눈물이 폭발하여 감동과 감격을 감읍으로 드린 주님을 깊이 묵상하며 새롭게 다가가고 있습니다.

이 책이 단순한 이론으로 그치지 않고 매일의 삶에서 적용되고 실천되어 주님의 형상을 회복하는 데 깊이 활용되길 원합니다. 은혜를 목마르게 사모하는 이들 손에 들려져 하나님의 마음을 알아듣고 그 삶에 생명이 회복되는 맑은 영성 가이드북이 될 것을 바라보며 이희녕 사모님의 책 출간을 기쁨으로 축복합니다.

이선상_천호동교회 장로

　자살의 위기 가운데 죽음의 문턱에서 예수님을 만나 사마리아 여인처럼 예수님을 따라나서 그분의 말씀을 늘 가슴에 품고 47년을 큐티 전도사로 살아왔습니다. 애굽의 노예였던 이스라엘 백성이 출애굽하여 40년의 광야를 거쳐 가나안 입성을 했듯이 이제 40여 년이 지난 저는 하나님의 말씀이 구구절절 사랑으로 제 안에서 샘솟는 매일의 생수로 누리게 되었습니다.

　아직도 이 땅에는 구원은 받았지만 그 맛을 모르는 이름뿐인 주의 백성들이 넘쳐납니다. 하나님의 말씀은 세상의 근본과 삶의 모든 기본 원리가 담겨진 삶의 매뉴얼(life manual)입니다. 살아갈 삶의 이유와 에너지의 물고를 터줍니다. 창세기에 담긴 아담과 하와의 사건을 기본 뼈대로 삼고 성경 인물들이 만나는 문제들 속에서 하나님이 그들을 살리기 위해 찾아가시는 모습과 그들이 택한 소리들과 맺힌 열매들을 깊이 살펴보며, 이제 제 영혼이 살아나고 이웃도 살리는, 하나님의 마음에 주파수 맞추기 훈련을 해보려 합니다.

　주의 백성은 말씀을 먹어야 매일 소생할 힘을 공급받습니다. 물질문명의 홍수 가운데서 살아남으려 힘겹게 오늘을 살아가는 주 안의 형제 자매들에게 "힘내세요. 주님이 함께하십니다"라는 기쁨조의 응원가를 불러드리고 싶어 그간 써둔 큐티 칼럼들을 정리해 보았습니다. "말씀 큐티만이 하나님의 사람이 살 길"이라는 제 인생 절대고백의 큐티이자 지상 큐티 홍보 겸 큐티 세미나이기도 합니다.

신랑 되신 그분이 신부 되는 우리를 부르시는 사랑의 잔치 초대에 우리 함께 기쁘게 나아가길 원합니다. 목마른 사슴이 시냇물을 찾듯 하나님의 마음과 늘 만나며 그 가운데서 살기를 사모하는 은혜에 목마른 영혼들을 초대합니다.

요즘 전체적으로 한국 정서가 우왕좌왕 혼란스럽고 불안한 가운데 분노와 혈기가 넘침이 너무도 안타까워 비록 작은 냉수 한 컵 같을지라도 말씀의 은혜로 불안한 마음에 평안을 드리고 싶습니다.

성령님! 이 책을 읽어 내려갈 때 레마(rhema)의 하나님의 말씀으로 모든 읽는 이의 마음을 만져 주십시오. 구원의 기쁨이 샘솟듯 소생되길 소망하며 축복합니다.

주님의 말씀을 사랑하는
이희녕 드림

chapter 1

하나님의 마음
…생명과

여호와의 말씀이니라
너희를 향한 나의 생각을 내가 아나니
평안이요 재앙이 아니니라
너희에게 미래와 희망을 주는 것이니라

(예레미야 29:11)

01

하나님 음성 듣기는
하나님 마음 듣기

"나의 계명을 지키는 자라야 나를 사랑하는 자니
나를 사랑하는 자는 내 아버지께 사랑을 받을 것이요
나도 그를 사랑하여 그에게 나를 나타내리라"(요 14:21).

분명 예수님을 구주로 영접하였고 무수히 기도 응답도 받았는데
도 불구하고 자신은 죽기 전에 하나님 음성을 듣는 것이 소원이라는
열심 성도들을 많이 만났습니다. 아마도 사람들 간에 주고받는 음
성 같은 또렷한 소리를 못 들었다는 뜻일 것입니다. 하나님의 음성
을 들었다고 말하는 이들처럼 신비스러운 소리를 들어보지 못했으
니 자기만 믿음이 없는 것 같고 "하나님을 사랑하는 자는 하나님의
음성을 듣는다 하는데 나는 왜 안 들리는 거야?" 하며 속상해합니다.
단지 하나님의 음성을 못 들은 실망에 그치지 않고, 어려운 환경을
만나면 심지어 구원의 확신조차 놓치고 매사에 회의적이고 불안한
심정을 가진 패배자로 살며, 삐뚤어진 심사로 주위에 민폐가 되는

이들이 많습니다. 하나님의 음성을 듣는다는 것이 과연 소리를 듣는 것일까요? 그 뜻을 여기서 짚어 보겠습니다.

한 엄마가 학교에서 돌아온 어린 아들에게 숙제 먼저 끝내고 나면 컴퓨터 게임을 1시간 해도 좋다고 말합니다. 식사 준비를 한 엄마가 "아들, 숙제 다 했니?" 하고 물으니 아들은 "응" 하고 입으로 대답하지만 온몸으로는 게임에 몰두하고 있습니다. 한참 후 "밥 먹어!" 하고 큰 소리로 여러 번 불러도 대답이 없습니다. 결국 엄마가 가 보니 컴퓨터 모니터에 꼭 붙어서 엄마가 온 줄도 모릅니다. 급기야 흥분한 엄마가 전기 스위치를 끄니 그제야 겨우 고개를 돌립니다. "엄마가 저녁 먹으라고 수십 번 불렀는데, 못 들었어? 너 아까 숙제 다 했다고 했지. 어디 봐"라고 엄마가 호통을 칩니다. 가방은 집에 들어올 때 내팽개친 그대로 구석에서 뒹굴고 있습니다. 아이는 엄마의 목소리를 분명 귀로 들었지만 자기가 실제로 듣고 행동으로 옮긴 소리는 "나는 컴퓨터 게임이 재미나요. 나 게임할래요"라는 쾌락의 소리였습니다.

음성을 주고받는 목적은 의사소통에 있습니다. 소리를 아무리 들었어도 내용을 못 알아들었다면 음성을 듣지 못한 것입니다. 하나님의 음성을 듣는 것도 마찬가지입니다. 소리를 들었건 못 들었건 상관없이 하나님이 말씀하시는 내용을 알아듣고 행동으로 옮길 때에야 비로소 하나님의 음성을 들었다 할 수 있습니다. 다시 말해 하나님 음성 듣기란 곧 하나님 마음 듣기를 뜻합니다. 무조건 나를 사랑하시는 하나님의 마음을 확고한 이해의 잣대로 삼고 하나님 말씀 듣기를 즐거워하여 밤낮으로 마음에 품고 묵상하면 하나님께서는 약속대로 하나님을 사랑하는 자에게 성령님의 감동하심으로 말씀이 뜻하는 바가 무엇인지, 주님이 나를 얼마나 사랑하시는지 말씀하십니다. 그러면 그 사랑이 우리 가슴에 깊은 감동으로 들려옵니다.

하나님은 언제나 나를 사랑하시는 영원한 내 편이십니다. 나의 영원한 적군은 하나님을 대적하는 마귀입니다. 하나님의 음성을 듣는 것이 하나님의 사랑의 마음을 알아듣는 분별의 귀라는 것을 이해하면 그간 많은 괴로움의 요인이 하나님의 마음을 오해한 자신의 불신 탓임을 절감하게 됩니다. 진실을 곡해하면 친구도 적군으로 돌리고, 팔자 탓, 하나님 탓으로 반항하고, 마음이 사나워져 바싹 메마릅니다. 불신이 가득해져 제 손으로 문제들을 키우고, 자신도 주위 사람도 괴로움에 빠뜨렸던 어리석은 모습들을 적나라하게 만나며, 그간 아군을 적군으로, 적군을 아군으로 가까이한 열매들을 착각했던 것에 눈이 떠집니다. 마귀에게 넘치게 속아 인생 소모전에 올인한 못난 자신이 보이게 됩니다. 자신과 가까운 이부터 시작해 먼 이웃에 이르기까지 자신이 복이 되기보다는 저주스러운 존재였음을 깨닫고 그 진솔한 실체를 만나는 것은 너무나 괴롭고 경악스러운 일입니다.

이처럼 잘못된 음성을 따라가 잘못 살아온 모습은 괴롭지만 집나간 탕자의 더러운 모습 그대로라도 돌아오길 애타게 기다리시는 하나님의 간곡한 마음을 깨닫고 회개하며 감사로 받는다면 어떻게 될까요? 염치없지만 비로소 하나님 아버지의 깊은 마음을 알아듣고 돌아와 그 품에 안긴 것이니 하나님의 사랑의 음성을 확실히 들은 것입니다.

어느 누가 밀어내도 깨지고 터진 못난 모습 그대로 우리가 그저 돌아와 준 것만으로도 우리 하나님 아버지는 기뻐하시며 새롭게 우리를 회복시켜 주십니다. 그 사랑의 고쳐 주심에 얼마나 목마른 아버지이십니까? 사랑의 손길에 목마른 우리는 깨진 마음을 안고 달려옵니다. 하나님 아버지의 품으로….

02

마음의
운전사

|

"모든 지킬 만한 것 중에 더욱 네 마음을 지키라
생명의 근원이 이에서 남이니라"(잠 4:23).

가장 어려운 것이 사람의 마음입니다. 처한 환경 속에서 마음에
들어오는 생각들이 나의 잣대로 해석되어 감정으로 배어 나오고, 배
어 나온 감정이 나의 말과 행동을 움직입니다. 마음으로 들어온 생
각에 대한 나의 해석이 나의 마음을 움직이는 운전사인 것입니다.
그래서 마귀는 인간의 마음을 공략하여 스스로 자멸하도록 유혹합
니다.

일단 유혹에 성공하면 마귀는 하나님과의 조화가 깨어진 선악의
잣대로 우리 자신을 부끄러운 존재로 보고 그 부끄러운 감정을 이기
지 못하도록 몰아갑니다. 마음 안에서 "너는 부끄러워, 부끄러워"라
고 지적하고 고소하는 소리가 무척이나 괴롭습니다. 마음 안에서 점

점 커지는 수치심의 소리를 꺼야만 행복한 자리로 되돌아갈 수 있다고 여겨, 감추고 숨기며 제 손으로 모든 관계의 조화를 깨부수다가 결국 멸망에 이르게 됩니다. 과연 마귀는 사람의 마음을 훔치고, 멸망하고 죽이는 도둑놈입니다.

마음에서 모든 것이 시작되기 때문에 사람의 생명의 근원을 마음이라고 하는 것입니다. 그래서 하나님은 무엇보다도 마음을 지키라고 하십니다. 마귀는 이미 하나님과의 관계가 끊어져 죄로 물든 사람의 마음을 집요하게 물고 늘어집니다. 또한 우리가 하나님처럼 모든 것을 아는 것 같은 착각에 빠져 우리의 잣대로 모든 것을 바라보며 나만의 왕국을 확보하는 데 집착하도록 온갖 거짓말로 부추깁니다.

"선악과를 먹으면 정녕 죽으리라"는 하나님의 말씀은 영원토록 진리이기에 선악과를 따 먹으면 죽음의 상태가 선악과를 따 먹은 자에게 임하게 됩니다. 일단 선악과만 따 먹게 하면 그다음은 조화를 깨는 악순환이 계속되기에 오늘도 마귀는 우리의 잣대대로 세상을 움직이고픈 온갖 변형된 탐심의 카드를 갖고 우리를 유혹하기 위해 교묘한 수단을 총동원합니다. 우리가 하나님으로부터 멀어지고 온갖 죄악에 빠져 자멸의 길을 가도록 유혹해 각자의 선악과의 잣대로 마음이 휘둘려 그 마음들을 지옥으로 만들면서 지옥 확장을 합니다.

우리나라 TV 드라마를 보면 사극이건 현대극이건 간에 자신의 생존을 위해 수단 방법을 가리지 않고 온갖 권모술수를 동원해 자기 뜻을 이루려는 모습이 많이 나옵니다. 마치 거짓말 잔머리 굴리기

선수권 대회를 보는 것 같습니다. 그런데 언제나 악랄하게 머리를 굴리는 자는 제 꾀에 스스로 발등이 찍히고, 진실된 자들이 행복의 승자로 남게 되는 걸 보면서 심는 대로 거두는 하나님의 권선징악의 원리가 브라운관을 지배적으로 다스리고 있음에 희망이 생깁니다.

물질 만능주의 시대에 돈에 대한 사랑으로 악랄한 거짓말도 불사하지만 결국 진실되고 따뜻한 마음의 소유자들이 주도해 가는 해피 엔딩 가운데 물질이 인생의 전부가 아니라는 메시지를 깨달으며 각박한 마음에 위로가 됨을 느꼈습니다. 대중의 마음을 반영하는 드라마에서 거짓으로 똘똘 뭉쳐 자기밖에 모르는 이기주의의 허구가 적나라하게 드러나고, 진실되게 살고자 하는 마음을 불러일으키는 하나님의 일하심을 보며 가장 밀접하게 사람들의 마음을 만지고 닦아 가는 드라마 작가들을 통해 더욱 하나님의 마음이 표현되길 기도합니다.

"보라 형제가 연합하여 동거함이 어찌 그리 선하고 아름다운고"(시 133:1).

우리가 살 길은 오직 하나님이 전지전능하신 왕으로 다스리시는 가운데 우리의 마음의 줄이 연결되어 하나님의 마음이 흘러 들어와 모든 마음의 기능들이 조화를 이루는 것입니다. 또한 너도 나도 모두가 어우러져 행복함을 향해 한마음 되는 것에 있습니다. 오늘도 하나님의 따뜻한 마음이 내 마음의 운전사가 되어 주시길 원합니다.

03

내 마음 안에 새겨진
하나님의 하드웨어

"내가 여호와 보시기에 영화롭게 되었으며
나의 하나님은 나의 힘이 되셨도다"(사 49:5).

하나님이 말씀하시면 말씀하시는 것이 곧 피조물 세상에서는 그
대로 현실이 됩니다. 하나님이 말씀하시면 곧 창조가 일어납니다. 하
나님의 말씀은 모든 것의 절대 기준입니다. 하나님이 말씀하신 것은
어제나 오늘이나 내일이나 영원히 변하지 않는 효력이 있습니다. 하
나님은 사람을 자기 형상을 따라 만드셨습니다. 사람은 하나님의 닮
은꼴입니다. 하나님이 우리의 원형인 것입니다. 우리 안에는 하나님
을 닮은 모습, 즉 하나님이 우리에게 프로그램 해 놓으신, 절대 없어
지지 않는 영원불변의 하드웨어가 존재합니다.

어느 날 옷을 입다가 주머니에 손을 넣었는데 무언가 잡히는 것
이 있어 꺼내 보니 일그러진 백 불짜리 지폐였습니다. 백 불짜리 지

폐가 주머니 속에 든 채로 세탁기에서 돌고 돌아 나온 것입니다. 비록 기계 안에서 휘둘려 찢어지고 그 외형은 본래의 모습을 잃었으나 여전히 사용할 수 있는 백 불짜리였습니다. 이와 같이 신자이든 비신자이든 관계없이 모든 인간에게는 그 안에 하나님의 모습이 공평하게 담겨 있습니다. 비록 죄로 인해 치명적인 해를 입고 뒤틀렸지만 여전히 불변하는 하나님의 형상이 주어진 존귀한 존재입니다. 인간 존재의 본능이라 불리는 자기 존재를 입증하려는 생명이 싹틀 기회가 내재되어 있는 것입니다.

하나님은 살아 계신 생명이며 생명의 근원이십니다. 인간은 하나님의 형상을 닮아 창조되어서 하나님을 닮았습니다. 하여 인간은 하나님이 기뻐하시는 것을 기뻐하고, 싫어하시는 것을 싫어하는 존재입니다. 모든 생명체는 건강하게 살아 있음을 기뻐하고, 병들고 괴로운 죽음의 상태를 싫어합니다. 하나님의 피조물은 모든 생명체를 자석처럼 끌어들이고, 죽음의 상태는 밀어내고 싫어합니다. 모두에게 물어보십시오. 당신은 행복을 원합니까? 불행을 원합니까? 아마도 불행을 사모하는 자는 아무도 없을 것입니다. 인간이라면 모두가 행복해지고 싶습니다. 평안이 넘치고 기쁨이 넘쳐서 안정되고 따뜻하고 훈훈한 마음을 누리고 싶어 합니다. 바로 하나님의 모든 성품이 인간이 소유하고 머무르고자 하는 행복의 절정 상태입니다.

하나님의 속성, 성품은 바로 하나님이 우리 안에 깊이 새겨 놓으신 소리 없는 본능으로 내재합니다. 본능은 언제나 온전한 제자리를 유지하고자 하는 성질이 있습니다. 모양도 형체도 없지만 우리 안에서 원하는 상태에 부족을 느낄 때 "너는 제자리에 있지 않다"고 경종을 울립니다. 불안해지기 시작한 마음의 안정을 찾기 위해 스며드는 죽음의 세력들과 싸워 가며 끝없는 수렁의 길을 헤매는 것이 인생길입니다. 길을 잘못 들어 헤매고 넘어지고 쓰러져 가면서 간간이 내재하는 하나님의 마음을 부지중에라도 따르면 살아납니다. 그러다가 다시 한눈팔면 넘어지고 쓰러지면서도 내재하는 생명의 욕구는 죽음보다 강하여 결국 생명을 따르는 자는 어두운 곳에서 살아남습니다. 그리고 기이한 빛에 들어가 자유하며 그렇게 해주신 이의 아름다운 덕을 선전하여 똑같이 어두운 곳에 매어 있는 이들을 자유하도록 도와주는 이가 됩니다(벧전 2:9). 하나님의 마음을 제대로 알아듣는 것이 살아나는 길입니다.

내 마음에 입력되어 나 자신도, 다른 이도, 마귀도, 그 어느 누구도 지울 수 없는 하나님의 하드웨어는 "나는 하나님이 기뻐하시는 존귀한 하나님을 닮은 형상"이란 것입니다(창 1:31, 사 49:5).

04

내 마음의 고정 채널,
영혼의 고향 에덴

"내 양은 내 음성을 들으며 나는 그들을 알며
그들은 나를 따르느니라"(요 10:27).

　인생은 누구에게나 전쟁입니다. 구원받기 전에는 마귀들이 자신들 맘대로 휘두르던 고지를 빼앗기지 않으려고 필사적으로 굶주린 사자와 같이 삼킬 자를 찾아 쉬지 않고 24시간 공격하는 통에 모든 그리스도인들에게는 사는 것 자체가 맹렬한 영적 전쟁입니다. 그놈의 마귀는 휴가도, 휴전도, 예고도, 봐주는 것도 없이 달려들기에 하나님의 전신갑주를 입지 않고 잠시라도 방심하면 당연히 낭패를 당해 마귀의 밥인 불신자와 다를 것이 없어지고, 마음은 폭격 맞은 폐허같이 만신창이가 됩니다.

　문제 묵상이 전공인 인생에게는 문제에 해답이 있다는 소식만이 최대 희소식입니다. 당연 문제 해답 찾기에 목이 말라 마음의 채널이 당면 문제 해결에 고정되어 있습니다. 그저 이 뜨거운 불길에서 당장

나갈 수만 있다면 하나님이든 누구든 상관하지 않습니다. 문제가 기적적으로 해결되면 그 대상이 누구든 나의 하나님으로 삼습니다. 속전속결, 빨리 끝을 보고 싶은 문제 해결의 조급증이 속에서 요동침을 이기지 못하고 여기저기 해결을 위해 기웃거리고 방황합니다.

하나님의 자녀로 입양될 때 예수님 덕분에 구원만 받은 것이 아니라 세상을 능히 이기는 승리의 삶이 보장되었다는 놀라운 특권의 진리에 무지한 자들이 많습니다. 그래서 마귀는 이미 하나님의 자녀로 구원받은 것은 어쩔 수 없지만 처한 문제들의 즉흥 해결사로 다가와 먹음직하고 보암직하고 지혜롭게 할 만큼 탐스러운 권모술수의 달콤한 유혹으로 우리를 꼬드깁니다. 또한 우리의 귀에 익숙한 탐욕의 소리로 하나님을 대적하게 하고 자신의 소리에 귀 기울여 구원받은 자녀답지 못하게 인생의 쓴맛에 허우적거리는 패배자로 밀어 넣기에 혈안이 되어 있습니다.

하나님은 영원한 나의 아군, 마귀는 영원한 나의 적이라는 진리만을 굳게 잡아도 더 이상 마귀에게 속아서 자기 손으로 편견과 분노로 분리와 파괴를 가져오지 않을 것입니다. 이제 진리의 이름으로 하나님 나라를 헐어내는 어리석음에서 벗어나 평화를 가져오는 사람이 될 수 있을 것입니다. 평생 한눈팔지 않고 오직 하나님의 일을 위해 충성했으니 이제 내게 남은 것은 천국에서 받을 상이라고 기대할 수도 있습니다. 외관상으론 하나님의 일을 떠난 적이 없지만 예수님을 못 박은 유대 종교지도자의 모습을 보며 '나는 누구의 사람으로 평생을 살아왔는가? 과연 하나님께 인정받은 하나님의 자녀로 살아온 인생일까?' 하고 마귀가 힘겨운 환경 가운데 온갖 악한 소리로 흔들어 대도 하나님과 사랑하는 사이라면 흔들리지 않고 내 사랑을 믿고 지켜 낼 것입니다. 사랑의 소리인지, 의심의 소리인지 빗발치는 의심의 폭풍우 소리를 조용히 잠재우며 기다릴 때 하나님의 세미한 음성이 크게 들린 엘리야처럼 말입니다.

매일매일 바삐 돌아가는 삶 속에서 우리는 많은 소리를 듣습니다. 모든 소리는 파워가 있습니다. 살리는 음성을 들으면 살아나고, 죽이는 음성을 들으면 죽습니다. 어떤 음성을 듣느냐에 따라 생명과 죽음이 엇갈립니다. 우리 모두 살기를 원하고 죽기를 원하는 이는 없습니다. 살리는 음성에 정확히 주파수를 맞추는 것이 구원받은 생명을 내 것으로 풍성히 누릴 수 있는 길입니다.

양은 여러 목자들이 불러대도 자기 목자의 음성을 잘 알아듣습니다. 부모의 말씀을 잘 듣는 착한 아이라면 당연히 부모의 마음을 헤아려 알아듣습니다. 어떻게 해야 범사에 감사와 기쁨이 넘치는 든든한 하나님의 사람으로 우뚝 설 수 있을지, 어떻게 해야 끊임없이 살리는 하나님의 음성을 듣고 내 안에 심어진 영생의 씨앗이 열매를 왕성히 맺는 거목으로 자랄 수 있을지 고민해야 합니다. 이것이 어두운 곳에서 불리어 기이한 빛으로 들어가 하나님께 속하게 된 이들의 평생 과제입니다. 오늘도 몰아치는 세상 소리의 홍수를 헤치고 오직 하나님의 말씀을 잘 알아듣고 주님을 따르기를 바랍니다.

05

변치 않는
하나님의 마음

"여호와께 감사하라 그는 선하시며 그 인자하심이 영원함이로다"(시 136:1).

삶의 여정 중에 많은 사람들, 많은 사건들을 수없이 만납니다. 물질은 넘쳐도 주위 사람을 아무도 믿을 수가 없어 몰려드는 외로움에 우는 이들, 모든 환경은 받쳐 주는데 그것을 누릴 건강이 없어서 힘든 이들, 입에 풀칠하기도 어렵고 먹고사는 것이 힘겨워서 기댈 작은 언덕도 없이 오늘은 어디에서 자야 하나 고민하며 사는 것이 너무 벅찬 이들, 고달픈 삶 가운데 만난 상처들을 끌어안고 아파하며 사납게 변한 이들…. 많은 이들이 행복한 얼굴로 포장했지만 조금만 열고 그 속을 들어가 보면 각자가 모양은 달라도 나름대로 해결할 수 없는 숙제들과 힘겹게 씨름하고 있습니다. 세월이 지나갈수록 사람들의 삶 속에 속속들이 깊이 관여하시는 하나님은 과연 만물을 사랑으로 만드신 창조주이시며, 거룩과 사랑의 잣대로 공평하게 이 세상을 다스리시는 주인이심을 절감합니다.

하나님은 인간을 하나님을 닮은 인격적인 존재로 만드시고, 주인 되신 하나님과 긴밀한 관계를 유지하며 지상에서 생육하고, 번성하여 충만한 하나님의 모습으로 만물을 정복하고 다스릴 세상의 매니저로 삼아 주셨습니다. 그것이 인간을 향하신 영광되고 복된 하나님의 사랑의 마음입니다(창 1:27-28).

자신이 지으신 피조물에 대한 하나님의 깊은 사랑의 마음과 배려하심은 영원히 변하지 않는 진리입니다. 선악과 사건 이후 에덴의 동쪽으로 쫓겨난 인생이 너도 나도 예외 없이 모두 풀어 나가야 할 숙제를 안고 있는 것도 사실입니다만, 우리를 향한 하나님의 사랑의 마음은 여전하여 그 변함없는 사랑이 우리 삶의 원동력이 됩니다.

그러나 이 세상 가운데 사는 우리네 삶 속의 힘겨운 문제는 폭풍처럼 쉴 새 없이 몰아닥치는데 기도해도 응답이 너무 느리니 하나님이 멀리 느껴지고 하나님이 과연 계시는가 의심하면서 하나님께 속은 것 같고 그분의 사랑이 피부에 와 닿지 않습니다. 부자건 가난하건 외부적 조건에 상관없이 각자 이미 주어진 복은 문제 묵상에 파묻혀 보이지 않습니다. 마음도 몸도 스스로 헐어가는 삶의 패배자로 힘겨워합니다. 하나님의 형상인 우리가 마귀에게 속아 마귀가 인간의 주인 행세를 하도록 놔두고, 우리는 마귀의 형상을 주워 입고 지옥을 끌어안으며 번뇌 가득한 인생길을 걷습니다.

"도적이 오는 것은 도적질하고 죽이고 멸망시키려는 것뿐이요 내가 온 것은 양으로 생명을 얻고 더 풍성히 얻게 하려는 것이라"(요 10:10).

어리석은 하와가 죽이고 멸망시키려는 마귀의 간교한 계획에 넘어가 세상을 다스리는 매니저 자리를 도적질당하고 계속 마귀에게 속아 험악한 인생길을 괴롭게 살아갑니다. 우리 주 예수님은 이런 어리석은 하나님의 양들이 마귀의 손아귀에서 구원받고 본래 창조 계획대로 하나님의 형상으로 운영하는 풍성한 삶을 되찾아 누릴 길을 터주는 구세주로 오셨습니다. 예수님이 우리의 문제더미 속에 묻혀 버린 하나님의 사랑을 끄집어내 줄 길이요, 진리요, 생명이 되십니다. 예수님은 그분의 이름을 믿는 자에게 바라는 것이 현실이 되도록 하는 천국의 키입니다. 예수님의 이름에 숨은 비밀의 힘을 알아 감으로 마귀에게 속아 빼앗긴 하나님이 주신 보물들을 하나하나 찾아내기를 원합니다. 또한 형제자매들과 손에 손을 잡고 함께 우리 하나님 아버지 앞으로 독수리의 날개 침같이 멋있게 비상하기를 갈망합니다.

심히
좋았더라

"하나님이 지으신 그 모든 것을 보시니 보시기에 심히 좋았더라"(창 1:31).

둘이 사랑에 빠져 결혼을 하고 아이를 원합니다. 자기 둘을 똑 닮은 아이를 낳고 싶고 그 아이가 자라서 이러이러한 사람이 되었으면 좋겠다 꿈을 꾸며 기다리다 아이를 가집니다. 배 속에서 자라는 동안 아이가 지낼 방을 꾸미고, 옷이랑 이불이랑 곰 인형을 사들이며 좋아하고, 아이 맞을 환영 준비를 하는 신혼부부의 모습을 그려 봅니다. 하나님께서도 분명 본인 대신 이 세상을 다스릴 사람을 만드실 계획을 하고, 우주 가운데 사람이 살 지구를 만드시고, 사람이 살 만한 가장 쾌적한 환경을 만드시고, 음식이며 잘 곳이며 즐겁게 할 일까지 마련하시며 기뻐하셨을 것입니다.

"빛이 있으라" 말씀하시니 빛이 생겼고, 말씀하시는 그대로 만드시는 재미가 너무도 커서 "보기에 좋았더라" 하십니다. 이제 드디어 모든 준비가 완료되고 자기 모습을 닮은 사람을 만드시니 너무나 좋습니다. 그래서 "보시기에 심히 좋았더라"고 말씀하십니다. 아담 속에 모든 인간이 다 들어 있습니다. 아담을 보기에 심히 좋다고 기뻐하신 하나님의 마음입니다. 하나님은 영원토록 너와 나 모두 인간이란 존재를 심히 기뻐하십니다. 보기에 심히 좋다고 하십니다. 하나님을 모델로 만들어진 존재는 오직 사람뿐입니다.

하나님은 완전한 창조주이시고 인간은 창조된 모조품이기에 불완전하지만 하나님의 모든 속성이 그 안에 프로그램 되어 있습니다. 하나님을 닮았지만 능력 면에서 차이가 납니다. 무에서 유를 만드는 능력은 없고 현재, 과거, 미래의 시간 구조를 넘나들지 못합니다. 하나님이 주신 자연을 기본으로 하나님이 만들어 놓으신 유에서 유를 나름대로 발견, 발명하고 예술의 이름으로 무엇인가를 조립하는 것을 창조로 여기고 기뻐하며 일하는 것을 즐거워합니다. 뜻하는 바에 올인하여 성취할 때 오는 기쁨이 삶의 의미와 보람과 존재 가치의 원동력이 됩니다. 기쁨(깊은 만족감)은 사람이 살아가는 데 절대 필요한 영혼의 산소입니다.

하나님이 새겨 놓으신 기쁨의 원동력을 따라 올인하면 생육하고 번성하고 땅에 충만하고 땅을 정복하고 다스리라는 인생의 할 일이 기쁨이 되는 복을 주셨기에 그 복의 내용을 좋아합니다. 생육함을 기뻐합니다. 번성함을 기뻐합니다. 성취함을 정복으로 여기어 기뻐합니다. 뜻한 대로 다스려지는 상황을 기뻐합니다. 아담이 모든 생물들의 이름을 지으며 기뻐합니다. 아담이 자신의 마음에 떠오르는 대로 이름을 부른 것이 아니라 각각 동식물의 자세한 성질을 알고 그에 걸맞은 이름을 지어 준 것입니다. 아담은 저들의 모든 것을 아주 잘 아는 동물박사, 식물박사입니다. 모든 동식물 속에 숨은 특징들을 알아보며 이름을 지어 주는 그 재미가 얼마나 기막혔을지 상상이 갑니다. 저들을 일일이 알아보며 이름 지어 주는 대로 그들의 이름이 되는데 얼마나 기쁘게 자연과 하나가 되고 동화되었을까요. 매일매일 이 일이 즐겁고 기뻤을 것입니다.

하나님을 닮은 선하고 아름다운 마음을 가지고 사이좋게 배려하고 번성하며 이 세상을 운영하는 것을 복된 인생으로 정의합니다. 성취가 기쁨의 원동력이 되기에 내 안에 심어진 성향과 재능에 따라 꿈이라는 이름으로 자신에게 투자합니다. 그런데 하나님이 심어 놓으신 진정한 기쁨은 하나님이 뜻하신 방법대로 따라야 맺어지는 열매입니다. 남이야 어떻든 나만 잘되면 된다는 생각과 온갖 권모술수의 이기적인 방법으로 자신의 이익만을 추구할 때 잠시는 성취하는 것 같아도 결과적으로 그렇지가 않습니다. 과정에서 사람들에게 상처를 주고 기쁨을 빼앗았다면 기쁨을 나눌 이들을 모두 쳐낸 것이나 다름없습니다. 그 결과 밀려오는 외로움이 모든 기쁨을 삼키고 삶의 의미마저 잃게 만듭니다. 이것이 하나님이 모든 인생을 다스리시는 운영 방법입니다. 각자에게 조금씩 나누어 심어 주신 능력대로 서로

섬길 때 모두가 행복해지는 하나님의 축복을 함께 누리는 세상을 만들어 가기를 소망합니다. 이 땅에 하늘이 임하소서! 우리 모두 손에 손잡고 함께 심히 기뻐하기를 원합니다.

뼈 중의 뼈,
살 중의 살

"아담이 이르되 이는 내 뼈 중의 뼈요 살 중의 살이라 이것을 남자에게서 취하였은즉
여자라 부르리라 하니라"(창 2:23).

모든 생물들은 생육하고 번성하고 충만한 복을 받아서 다 쌍을
이루고 어우러집니다. 그런데 유독 아담만이 혼자입니다. 그리하여
하나님은 본래 생육하고 번성하고 충만하며 정복하고 다스릴 만물
의 영장으로 사람을 만드신 계획대로 아담을 적절히 도울 배필을 지
어 주십니다.

최초의 수술입니다. 아담을 깊게 잠들게 하신 후 아담에게서 갈
비뼈 하나를 꺼내어 그것을 재료로 하와를 만드셨습니다. 만약에 머
리 한 부분을 떼어 만들었다면 여자가 남자의 머리로 지배하는 자
였을 테고, 발 한 부분을 떼어 만들었다면 늘 짓밟히는 자였을 텐데,
갈비뼈로 여자를 만드셨습니다. 갈비뼈의 기능은 심장을 보호하는

것입니다. 갈비뼈로 만들어진 여자는 남자의 심장을 적절히 보호해 주며 함께 이 땅을 정복하고 다스릴 생명의 유업을 나눌 동일한 소중한 존재입니다.

하나님께서는 여자를 남자의 자존심인 심장을 세워 주어 보호하는 적절히 돕는 격려자로 그 자리와 할 일을 주셨습니다. 하나님께서 남자에게 여자를 이끌어 주실 때 아담은 "내 뼈 중의 뼈, 살 중의 살이라"며 하와의 모습에 마음을 빼앗겨 넋이 나가도록 기뻐하였습니다. 아담의 대환영으로 이루어진 첫 만남이었습니다. 그 둘은 벗었으나 부끄럽지 않았고 서로를 기뻐했고 하나님의 축복 가운데 부부로 하나가 됩니다. 그리고 아내의 이름을 직조의 날과 씨를 짠다는 의미의 여자라고 지어 줌으로써 남편은 바깥일을 책임지고 아내는 집안 살림을 맡아 보는 것으로 일을 분담합니다. 아담이 부부의 대표인 가장으로서 새로이 태어난 가정의 질서를 세운 것입니다.

현대로 올수록 이혼율이 치솟습니다. 외관상으로 좋아 보이는 부부들도 뚜껑을 열고 보면 서로를 뼈 중의 뼈, 살 중의 살로 소중히 여기는 기쁨보다는 서로에게 거친 말과 행동으로 아픈 가시가 된 역기능 부부들이 많습니다. 깨진 역기능 가정의 비율이 높아져 가는 것입니다. 우리는 홀로 완전한 창조물이 아니며, 서로가 서로를 보듬어야만 함께 기쁨이 나눠지도록 창조된 피조물임을 새삼스레 깊이 깨닫습니다.

뼈 중의 뼈, 살 중의 살로 서로를 기뻐하는 그 기쁨의 깊이가 부부의 행복도와도 비례합니다. 서로 기뻐할 수 있는 비결은 상대방을 하나님이 나에게 주신 나의 반쪽임을 절대 진리로 받아들이고 서로 부딪힐 때마다 조금씩 조절해 가며 하나가 되어가는 데 있습니다. 서로 나와 똑같은 다른 나로 만들려고 할 때 관계가 깨어지고 부서지고 둘 다 죽게 됩니다. 구조도, 특징도, 개성도, 재능도 다른 개체인데 상대방을 자신과 같은 모양으로 만들겠다는 것은 억지일 뿐이며, 불가능한 일입니다. 모양을 부수더라도 나와 똑같이 만들겠다는 무모한 몸부림을 내려놓고 상대방을 그 모습 그대로 소중히 여기며 서로의 개성이 부부의 하나 된 삶에 장점과 복으로 작용할 수 있도록 배려하고 세워 주면 결국 서로가 하나로 어우러져 사는 길이 됩니다. 뼈 중의 뼈, 살 중의 살로 소중히 여기고 기뻐함이 행복의 비밀입니다. 부부의 마음속 환상의 시크릿 가든이 현실이 되는 비밀입니다. 내가 죽어야 우리가 삽니다.

08

벗었으나
부끄럽지 않은 축복

"아담과 그의 아내 두 사람이 벌거벗었으나 부끄러워하지 아니하니라"(창 2:25).

　　하나님이 아담을 잠들게 하시고 그에게서 꺼낸 갈비뼈를 재료로 하와를 만드신 후 서로 한 몸의 일부로 소중히 여기고 위하고 살라고 하와를 아내로 주셨을 때 아담은 뼈 중의 뼈, 살 중의 살이라 심히 기뻐하며 하와와 부부가 되었습니다. 그때 그들은 단순히 벗은 육체가 부끄럽지 않은 것을 넘어 자신을 가린 아무런 비밀도, 나만 위하라는 이기주의로 포장한 부당한 요구도, 서로의 부족이 보여 자신이나 상대를 부끄러워하는 어떤 마음의 그림자도 없었습니다. 그저 서로가 좋기만 한 마음이었습니다. 이처럼 서로가 벌거벗은 모습을 보며 자신과 같지 않아도, 자신이 바라던 그 모습이 아니더라도, 기대에 어긋난 부족이 드러나도 서로를 부끄러워하지 않고 그 모습 그대로 자신에게 최적인 반쪽으로 받아들이는 인정이 내 사랑을 키우는 뿌리가 됩니다.

단점이 잘 보이는 벗은 모습 가운데서도 제 눈에 안경이라고, 다른 이의 눈에는 단점인 것이 장점으로 보이는 눈이 밝아지면 "나의 뼈 중의 뼈, 살 중의 살"로 기뻐하는 복이 불어나, 받으려고 몸부림치는 것을 잊고, 주는 사람으로 변합니다. 사랑에 눈이 멀어 단점이 하나도 보이지 않는데 서로를 비판하고 끌어내릴 이유가 없습니다. 부부 사이에서는 특별히 서로의 단점을 부끄러워하는 마음이 예수님이라는 안경을 쓰고 그 단점까지 좋아하는 마음으로 바뀌어야 자연스레 기쁨으로 하나 됨을 누리는 닭살 부부가 됩니다. 하나님을 하나님으로, 모든 면에서 나의 절대 기준으로 받아들이고 따를 때 나와 하나님의 은밀한 관계가 깊어지듯이 사람과 사람 사이의 관계도 마찬가지입니다. 개성을 인정하고 소중히 여김이 모든 관계의 기본입니다.

뼈 중의 뼈, 살 중의 살로 사랑을 받은 하와의 마음은 어떻습니까? 하나님이 만들어 주신 쾌적한 에덴동산의 환경 가운데 아무런 의식주 불편 없이 삽니다. 남편 또한 아내만이 최고인데 하와는 최적의 삶이 지루해지기 시작합니다. 나하고만 놀지 않고 매일매일 밖에 나가 이름 짓는 일에 빠져 있는 아담이 재미가 없어집니다. 아담보다 "먹으면 정녕 죽으리라" 하고 금하신 선악과에 관심이 갑니다. 죽는다는 것의 개념이 없는 하와로서는 정말로 먹으면 죽는지, 선악과의 맛이 어떤지 궁금해집니다. 궁금증이 열병처럼 마음에서 자라는 만큼 남편에 대한 관심도 떨어지고 기쁨도 퇴색해 갑니다. 점점 마음의 유혹이 부추기는 대로 담대해져 손이 닿으면 따 먹을 정도의 거리까지 나아갔을 때 그 자리에서 기다리고 있던 마귀는 하와의 마음을 불만으로 가득 채우고 하나님의 말씀에 도전하여 하나님으로부터 떨어져 나오도록 유혹합니다.

"너희가 그것을 먹는 날에는 너희 눈이 밝아져 하나님과 같이 되어 선악을 알 줄…"(창 3:5).

하나님이 너희에게 덜 주신 것이라고 말하며 하나님을 욕심쟁이 영감으로 보이게 합니다. 마귀가 주는 불만과 반항의 안경을 쓰니 하나님도 남편도 부끄럽고 불만스럽게 보입니다. 점점 선악과가 먹음직, 보암직, 지혜롭게 할 만큼 탐스러워 보이니 드디어 유혹을 이기지 못하고 사고를 칩니다.

탐욕이 마음을 움직이는 운전사가 되었을 때 결과는 상상을 초월합니다. 거짓은 결코 진실을 대치하지 못합니다. 마귀의 속임수대로 하나님은 아닌데 하나님처럼 살자니 하나님의 능력이 없는 피조물인 우리는 마음뿐이지 현실 속에서는 좌절로 가득합니다. 과욕을 부리다가 하나님과의 관계가 깨지고, 남편과도 원망을 주고받는 원수같이 되었고, 벗었을 때 부끄러운 수치심을 감당하지 못해 지옥을 끌어안게 되었습니다. 모든 관계 속에서 벗었을 때 부끄러워하지 않는 하나님의 참 복을 잃어버렸습니다.

우리가 처음 사랑을 버리는 통에 주신 복을 저주로 바꾸었지만, 부끄러워 꽁꽁 숨어 봐야 숨을 수 있는 능력이 없음을 절감하고, 하나님을 무서운 괴물 폭군으로 여기는 두려움의 편견을 물리쳐야 합니다. 회개하며 하나님을 아버지로 절대 신뢰하고, 그분을 따르던 처음 행위를 회복해야 합니다. 저주를 복으로 되돌려 주시기 위해 예수님이 우리의 죗값을 십자가로 치르면서까지 구원의 길을 활짝 열어 놓으셨습니다. 도무지 헤아릴 길 없는 하나님의 무궁한 사랑입니다.

이 예언의 말씀을 읽는 자와 듣는 자와

그 가운데에 기록한 것을 지키는 자는

복이 있나니 때가 가까움이라

(계 1:3)

chapter 2

사람의 마음
…선악과

선악을 알게 하는 나무의 열매는 먹지 말라
네가 먹는 날에는 반드시 죽으리라 하시니라
(창 2:17)

09

반드시
죽으리라!

"선악을 알게 하는 나무의 열매는 먹지 말라 네가 먹는 날에는 반드시
죽으리라 하시니라"(창 2:17).

하나님이 인간에게 복을 차고 넘치게 주셨습니다. 분에 넘치도록
주신 복이라 받은 것이 복인지조차도 잘 모릅니다. 무엇이고 다 제
마음대로, 하고픈 대로 할 수 있는 아담과 하와에게 중요한 두 나무
를 주십니다. 그러면서 "선악을 알게 하는 나무는 먹으면 정녕 죽는
다. 선악과는 독약이다."라고 경고하셨습니다. 대신 생명과는 먹어도
좋다고 허락해 주셨습니다.

하지만 아담과 하와는 엄청난 유산을 받고도 그 복의 내용과 유
익을 제대로 파악하지 못한 상태입니다. 복이 정말 복인지 감각도
없고 그 복이 당연히 여겨지고, 먹으면 정녕 죽는다고 금지된 선악
과에 유독 눈길이 갑니다. 이름을 지어 주는 일이 기쁜 아담은 한도

끝도 없이 많은 그 일 때문에 너무도 바쁩니다. 반면 하와는 어땠을까요? 아담이 하는 일에 마음을 같이하여 똑같이 즐거웠다면 늘 아담 곁에 있었을 텐데, 그녀는 먹으면 죽는다는 경고장 붙은 선악과에 많은 관심을 갖게 되었습니다.

이름조차 선과 악을 알게 하는 나무입니다. 각자 자신의 자리에 알맞은 능력을 주시는 하나님이시니 그토록 이름 짓기에 빠져 있는 아담의 동식물을 알아보는 능력이 하와에게는 주어지지 않았던 것 같습니다. 남편이 그리 신나 하는 것을 보고 있노라니 그것도 하루 이틀이지 나의 일은 아니므로 재미도 없고 심심해집니다. 하와는 남편이 그리도 기뻐하는 생물계에 대한 지식보다는 선과 악을 아는 능력이 점점 궁금해지고 관심이 쏠립니다. 마음에 탐심이란 놈이 목소리를 점점 높이니 조금씩 선악과 나무 곁으로 다가갑니다. 하나님의 말씀은 영원토록 효력이 있습니다. "네가 먹는 날에는 반드시 죽는다"라고 말씀하셨습니다.

하와의 마음을 아는 마귀는 하와 안의 탐심의 소리가 하나님의 경고보다 더 먹음직, 보암직, 지혜롭게 할 만큼 탐스럽게 보이도록 하여 하나님의 말씀이 절대 진리가 아닌 것으로 끌어내리는 의심의 날개를 달고 드디어 손을 뻗쳐 선악과를 따 먹게 합니다. 그 순간 하와에게 일어난 일이 바로 하나님의 말씀대로 불순종한 자에게 임한 죽음의 상태였습니다.

벌거벗었으나 부끄럽지 않던 그의 의식 상태에 먹구름이 드리워집니다. 갑자기 자신이 벌거벗은 사실이 부끄러워 견딜 수가 없습니다. 한 번도 경험해 보지 않았던 수치감에 정신이 없고 선악과를 먹으면 죽으리라는 하나님의 말씀이 기억나니 죽는 것이 무엇인지는 몰라도 혼자 죽는다는 것이 너무도 무섭습니다. 감당 못하게 올라오는 자신의 벗은 모습에 대한 부끄러움, 하나님의 명령을 어긴 것에 대한 죄책감, 받을 벌에 대한 두려움. 이런 마음의 상태가 바로 하나님이 말씀하신 죽음의 상태인 것입니다. 생명줄인 하나님과의 관계를 제 손으로 끊어내고 스스로 하나님이 되어 앞가림을 해야 하는 삶의 내용이 기쁨에서 고통으로 바뀐 것입니다.

하나님의 역할을 하려는데 능력이 따라 주지 않으니 평안하던 마음에 염려, 불안, 초조가 임했습니다. 하나님은 우리를 시험하지 않으십니다. 우리는 스스로의 탐심에 미혹되어 주어진 복조차도 유지하지 못하는 어리석은 존재입니다(약 1:13-15). 마음이 원하는 대로 먹음직, 보암직, 지혜롭게 할 만큼 탐스러운 탐심의 선악과를 딸 때 하와가 만난 죽음의 상태는 오늘날 우리에게도 구구절절 유효합니다. "먹으면 반드시 죽는다"는 하나님의 법을 피해 갈 수 있는 인생은 아무도 없습니다. 임한 고통 속에 하나님을 바라보면 구원의 길이 열리니 부끄럽고 무서운 감각 덕분에 인간의 한계를 깊이 깨닫고 하나님께로 돌아와 오히려 하나님이 주신 인생을 복으로 알게 해주는 디딤돌이 될 수 있습니다. 위기는 기회의 때입니다.

10

왜
선악과인가?

"여호와 하나님이 그 사람에게 명하여 이르시되 동산 각종 나무의 열매는 네가 임의로
먹되 선악을 알게 하는 나무의 열매는 먹지 말라 네가 먹는 날에는 반드시 죽으리라
하시니라"(창 2:16-17).

　자살의 위기 가운데 놓였을 때 저는 4영리 전도를 통해 예수님
을 구주로 영접하고 신약부터 시작하여 구약에 이르기까지 몰입하
게 되었습니다. 신약의 말씀들은 때때로 어렵긴 해도 대체로 이해하
기 쉬웠습니다. 그런데 창세기를 읽으면서는 지어 낸 동화 같았습니
다. 읽어 내려갈수록 구약의 하나님은 신약의 하나님과는 달리 심술
쟁이 할아버지 같기도 하고 어쩐지 영 맘에 들지 않았습니다. 이왕
지사 하나님을 믿기로 작정했는데, 정말 내가 믿기로 작정한 창조주
하나님이 이 정도로 얄팍한 존재인가 궁금해졌습니다. 미심쩍고 앞
뒤가 안 맞는 듯한 퍼즐 조각과 같은 창세기의 내용과, 인물들과 하
나님과의 사이에서 일어나는 일들을 주목해 보며 자신의 아들 독생

자를 죄인들을 위해 아낌없이 내어 놓으신 하나님의 깊은 진실이 알고 싶어졌습니다. 진리를 알고픈 간절한 목마름에 이끌려 창세기 사건들을 하나님의 마음에 초점을 맞추어 여러 모로 묵상하여 보았습니다.

"너는 내게 부르짖으라 내가 네게 응답하겠고 네가 알지 못하는 크고 비밀한 일을 네게 보이리라"(렘 33:3).

약속의 말씀대로 간절히 찾고 부르짖을 때 이해되지 않는 허다한 말씀 속에 스며 있는 하나님의 깊은 의중이 베일이 걷히듯 서서히 드러나고, 마음의 눈이 열리는 놀라운 축복이 임하였습니다. 비록 초보 단계이지만 궁금했던 질문들에 "아멘"으로 화답하며 만나게 된 하나님의 마음을 나누보고 싶어졌습니다.

창세기에 나오는 선악과를 묵상할수록 참으로 많은 질문들이 마음속에서 빗발쳤습니다. "왜 전능자 하나님은 선악과를 만들고 먹으면 죽는 독약이라고 경고하셨을까? 그 경고가 오히려 '정말 먹으면 어떻게 될까? 정말 죽는 건가? 죽는다는 건 뭐지?' 하는 궁금증을 증폭시키고 참을 수 없게 만드는데, 하여 결국 어느 누구라도 따 먹고 고통스러운 죽음이 임하게 될 것을 하나님은 아셨음에도 왜 선악과를 만드셨을까? 사랑의 하나님이라면서 왜 인간에게 이런 고통을 주셨을까? 그리고 마귀는 왜 그 많은 것 중에 하필 선악과를 따 먹도록 인간을 유혹했을까?" 이런 궁금증과 질문이 생기면서 도무지 소화가 되지 않았습니다.

하나님은 인간을 하나님이 명령하시면 그대로 작동하는 로봇이나 기계로 만들지 않으시고 하나님의 형상을 닮은, 하나님과의 사귐이 가능한 존재로 만드셨습니다. 그래서 프로그램한 대로가 아닌 자신의 의지로 많은 선택 가운데 하나님을 자신의 하나님으로 선택하여 그분의 자녀가 되고, 그분에게 속한 모든 것을 누리고 그분과 더불어 만물을 다스리는 이 세상의 매니저로 삼고 싶으셨던 것입니다.

사랑을 하더라도 내게 미워하는 기능이 없이 사랑을 한다면 아무래도 질적으로 떨어지는 존재일 것입니다. 거룩한 하나님의 기준으로는 용납할 수 없는 악하고 더러운 상태에 빠져 오히려 죽기로 반항하며 죄의 고통으로 자신을 찌르는 죄 된 우리를 구해 주시기 위해 예수님은 스스로 십자가에 달리셨습니다. 그 엄청난 사랑을 예수님을 통해 만납니다. 십자가 품은 사랑을 깊이 체험할수록 도무지 품어지지 않는 고슴도치 같은 이들을 만날 때의 한계를 절감합니다. 용서하려면 할수록 치미는 분노를 감당 못하는 자신의 모습을 향한 주님의 따스한 손길을 만납니다. 십자가에 담긴 끝없는 용서의 마음과 하나가 되며 하나님 사랑의 심장이 내 안에서 흘러넘치고 그때 죄를 먹고 살던 죄인 하나가 진정으로 주님을 닮은 이로 성화되는 영광의 발을 내딛게 됩니다. 점차로 변화된 하나님의 심장을 닮은 모습이 하나님이 보시고자 하는 최고의 인격의 열매로 맺힙니다. 그래서 하나님은 허다한 문제에도 불구하고 필연의 무리수를 두신 것입니다.

이것을 알고 있는 마귀가 하나님의 깊은 뜻을 모르는 어리석은 사람들이 눈에 보이는 대로 판단하고 행동으로 옮기는 경솔함을 이용하여 하나님을 대적하도록 부추기는 무기가 바로 선악과입니다. 아무리 능력과 재물과 지위가 있어도 누구를 위해 무엇을 위해 쓰는가가 문제입니다. 미처 자신이 갖고 있는 보물의 가치를 모르면 무능력한 우주의 무숙자(homeless)로 전락합니다. 그래서 마귀는 자신이 누구인지, 무엇을 가졌는지 눈을 가리고 혼동되도록 우리의 정체성을 뿌리째 흔드는 것입니다.

　실로 마음이 생명의 근원이기에 잘 지켜야 합니다. 나의 생명 되신 하나님을 밀어내고 극도의 이기주의로 나만을 위해 살면 인간 스스로 온갖 악을 자행하여 서로 죽이게 됩니다. 그러니 마귀가 선악과를 따 먹도록 전력으로 유혹함은 이해가 되고도 남습니다. 내가 살아 있는 1분 1초가 기회입니다. 자기의 이익을 위해 여전히 선악과를 따는 길에서 돌이켜, 길이요 진리요 생명 되신 예수님을 선택하고 하나님과 동행하는 자유의 삶을 이 세상 모든 이들이 찾게 되길 소망합니다.

11

눈이 밝아진다 해서
하나님이 될 수 있을까?

"너희가 그것을 먹는 날에는 너희 눈이 밝아져 하나님과 같이 되어 선악을 알 줄
하나님이 아심이니라"(창 3:5).

　'선악과에 대해 묵상하면 할수록 너무 명명백백 분명한데 왜 그
전엔 안 보였을까?' 하며 새로운 사실에 눈이 떠질 때마다 "과연 하
나님의 말씀은 오묘한 비밀입니다. 말씀의 비밀을 조금씩 계속 열어
주셔서 정말 감사합니다"라고 감격 기도가 절로 터져 나옵니다. 하
나님은 절대적으로 우리를 사랑하시는 분인데, 훤히 다 아시면서도
왜 에덴동산에 선악과를 두고 "너희들, 선악과를 먹으면 정녕 죽는
다"고 말씀하셨을까요? 이미 아담과 하와가 어떻게 할지 아셨으면
서 왜 선악과를 에덴에 두셨을까요? 하나님의 성품에 비추어 볼 때
"선악과는 먹으면 죽는 독약이야"라고 경고하신 것까지는 이해가 되
는데, 선악과를 동산에 두지 않았다면 아담과 하와가 따 먹지 않았

을 것이고, 따 먹지 않았다면 이런 죽음의 고통이 우리에게 오지 않았을 것입니다. 이런저런 많은 생각과 질문을 홍수처럼 쏟아내던 중 그것들에 가려져 보이지 않았던 사실이 갑자기 눈에 들어왔습니다.

선악과를 따 먹은 이유가 아는 능력에 있어 하나님과 같아지고 싶은 마음 때문이었습니다. 아는 일에 하나님이 되겠다는 것입니다. 그런데 하나님은 모든 것을 만드신 창조주이고 우리는 아무리 능력이 많아진다 해도 단지 피조물이지 결코 창조주 하나님이 될 수 없다는 것은 변할 수 없는 진리입니다. 마귀가 막강의 초능력을 가지면 하나님이 될 것으로 여겼지만 마귀 역시 피조물이기에 창조주로 자리를 바꿀 수 없는 것이 진리입니다. 무모한 일을 꾀하다 이미 주어진 최고 천사의 영광의 자리조차 유지하지 못하고 거짓말 대장으로 타락하게 된 것입니다. 피조물인 마귀가 스스로 창조주가 되고픈 탐욕의 거짓을 따라갔을 때 멸망이 그에게 임했습니다. 그런 마귀가 선악과를 따먹으면 전지전능해져 피조물이 창조주가 될 수 있다는 최대의 거짓말로 무모한 거짓 환상의 유혹을 인간에게 한 것입니다. 결국 많은 능력이 생기면 주인을 몰아내고 내가 주인이 되겠다는 탐심이 아주 자연스레 생긴 것입니다.

초능력을 받은 대장 천사가 창조주가 되겠다고 제 자리를 떠났다가 죽음을 맞은 것처럼 설사 선악과가 동산에 없었더라도 결국 놀라운 능력과 사랑을 받은 최고 피조물인 인간이 교만해져 창조주 하나님이 되려는 시도를 필히 할 것을 하나님은 미리 아셨습니다. 그럼에도 불구하고 막아 주시려 "피조물은 영원히 피조물이고, 피조물은 결코 창조주가 될 수 없는 것이란다"는 진리를 경고의 목적으로 "선악과는 독약이다"라고 아담에게 먹지 말라고 간곡히 부탁하신 것입니다.

하나님은 질서의 하나님입니다. 어느 것 하나라도 하나님께서 창조하신 질서를 이탈하면 곧 끝입니다. 하나님이 우리를 지으신 창조주이시고 우리의 생명의 공급자라면 우리가 피조물의 자리를 떠나 창조주가 되려 함은 몸에서 머리를 잘라 버리고 살아 보겠다는 것입니다. 그런데 머리를 잘라내면 몸의 일부로 머리의 역할을 해낼 수 있는 능력이 인간에게는 없습니다. 머리가 몸에서 떠나는 순간 사람은 죽습니다. 이 진리는 절대 바꿀 수 없습니다.

내가 부족하고 모자란 피조물로 살아감이 얼마나 복인지요. 설사 아는 것에 있어 하나님의 능력을 얻게 된다 해도 아는 것만큼 그것을 유지할 겸손도, 사랑의 능력도 따라오지 않으면 그 대단한 능력을 가지고 무엇을 할 수 있을까요? 하나님처럼 아는 능력이 있어도 그것을 제대로 사용할 하나님의 사랑이 없다면 아이에게 날카로운 칼을 쥐어 준 것과 같습니다.

"내가 예언하는 능력이 있어 모든 비밀과 모든 지식을 알고 또 산을 옮길 만한 모든 믿음이 있을지라도 사랑이 없으면 내가 아무것도 아니요"(고전 13:2).

제일 큰 능력은 전지전능이 아니라 사랑임을 깊이 절감합니다.

우리가 해 되신 하나님의 사랑을 푹 받아야 빛을 발할 수 있는 달임
을 너무나 감사합니다.

12

말씀은
영혼의 내비게이션

|

"우리가 마음에 뿌림을 받아 악한 양심으로부터 벗어나고 몸은 맑은 물로 씻음을 받았
으니 참 마음과 온전한 믿음으로 하나님께 나아가자"(히 10:22).

인간의 영혼에 바이러스가 침투할 수 있는 길을 내주는 대문이
'의심'입니다. 아담은 하와가 하지 말라니 더 궁금해지는 유혹을 물
리치지 못하고 조금씩 선악과로 다가갔습니다. 그의 코앞에 바로 선
악과가 있습니다. 죄의 가능성이 넘치는 곳엔 언제나 유혹이 가능한
마귀의 손바닥 안입니다. 선악과는 하와에게 완전히 참기 힘든 유혹
의 판도라 상자입니다. 간교한 뱀이 하와에게 하나님의 말씀을 의심
하는 질문을 던집니다. 불 난 집에 의심의 화약을 던지니 더 이상 버
티지 못하고 뱀의 꼬드기는 질문에 의심으로 나아가는 대답을 합니
다. 선악과에 대해 "하나님의 말씀에 너희는 먹지도 말고 만지지도
말라 너희가 죽을까 하노라" 하고 "네가 먹는 날에는 반드시 죽으리

라"는 말씀에 자신의 의심의 빌미를 넌지시 보입니다. 이에 거짓말에 명수인 마귀는 하와가 하나님을 의심하는 모습을 보고 쾌재를 부르며 유혹합니다. "너희는 결코 죽지 않아. 네가 그걸 먹으면 너희 눈이 밝아져 하나님과 같이 선악을 알게 됨을 하나님이 알아서 거짓말한 거야"라고 말입니다. 마귀는 하나님을 최고는 자기만 가지고 사람에게는 주지 않는 욕심쟁이, 거짓말쟁이라고 모함합니다.

선글라스를 쓰면 세상이 렌즈 색깔대로 보입니다. 탐욕의 색안경을 쓰고 보니 자신을 전지전능한 하나님으로 만들어 줄 것 같은 거짓말에 혹하여 선악과를 금지하신 하나님의 속내가 자못 의심스럽습니다. 의심의 눈으로 선악과를 바라보니 먹음직도 하고 보암직도 하고 정말 하나님만큼 지혜롭게 할 만큼 탐스러워 보입니다. 마귀가 주는 거짓 확신에 힘입어 탐욕을 삼킨 하와는 돌아올 수 없는 강을 건너게 됩니다.

"눈이 밝아진다" 하면 그 어조에는 무언가 내게 없는 좋은 능력이 생기는 것 같습니다. 그런데 먹고 나니 마귀의 말대로 눈이 밝아진 건 사실입니다. 전에는 자신의 부족이 부끄럽지 않았고, 다른 이의 부족도 꼬집는 마음이 없었습니다. 그런데 이제는 자신의 벗은 모습이 부끄러워 견딜 수가 없고, 다른 이의 벗은 모습이 눈에 너무 크게 들어옵니다. 마음속에 전에 없던 새로운 잣대가 생겼습니다. 자기 눈에 좋을 대로 의심하고 가리고 까칠하게 정죄하는 검은 마귀 색을 칠한 악한 양심이 생겼습니다. 악한 양심은 자기의의 기준으로, 세상을 보는 잣대로 타락한 사람의 마음속 깊이 자리잡고 앉아 인간을 지배하고 삶을 좌우하는 운전대가 되었습니다. 자기 이익에 밝아진 악한 양심에 따라 살 때 수치심과 죄의식에 시달리고, 감추고, 숨고, 의심하고, 정죄하고, 서로 죽고 죽이며 시달리는 것이 제 눈에 좋을 대로 사는 고뇌 인생입니다. 마음속이 지옥과 다름없는 처절한 전쟁터로 변했습니다.

요즘은 자동차에 내비게이션이 있어 목적지를 찍으면 중간에 아무리 길을 놓쳐도 놓친 그곳에서 다시 재조정하여 안전하게 목적지까지 안내해 줍니다. 때때로 길을 잃고 방황해도 그 자리에서 "하나님께 나아가는 자는 반드시 그가 계신 것과 또한 그가 자기를 찾는 자들에게 상 주시는 이심을 믿어야 할지니라"(히 11:6)는 말씀처럼 하나님 말씀을 내 인생의 완전한 내비게이션으로 삼고 의지하면 "이 율법책을 네 입에서 떠나지 말게 하며 주야로 그것을 묵상하여 그 안에 기록된 대로 다 지켜 행하라 그리하면 네 길이 평탄하게 될 것이며 네가 형통하리라"(수 1:8)는 말씀처럼 형통할 것입니다. 즉, 상 주시는 하나님과 동행하는 형통의 길이 활짝 열립니다. 하나님으로부터 오는 것, 하나님의 말씀은 다 나를 살리는 약입니다.

하나님, 저희에게 말을 많이 걸어 주세요. 이제 우리가 예수님의 피 값으로 새 생명을 얻었으니 마음에 뿌림을 받아 양심의 악을 깨닫고, 맑은 물로 씻어내 참 마음과 온전한 믿음으로 우리 모두 하나님께 나아가길 소망합니다.

chapter 3

병든 마음⋯
견고한 죄의 진

우리의 싸우는 무기는 육신에 속한 것이 아니요
오직 어떤 견고한 진도 무너뜨리는 하나님의
능력이라 모든 이론을 무너뜨리며 하나님 아는 것
을 대적하여 높아진 것을 다 무너뜨리고 모든 생각
을 사로잡아 그리스도에게 복종하게 하니...

(고후 10:4-5)

13

아무리 가려도 수치심이 불어나는
무화과나무 잎새옷

"이에 그들의 눈이 밝아져 자기들이 벗은 줄을 알고 무화과나무 잎을 엮어
치마로 삼았더라"(창 3:7).

선악과를 한입 무는 순간 부끄러움, 죄의식, 벌 받을 것에 대한 무
서움이 하와에게 몰려듭니다. 죄는 혼자 짓지 않습니다. 내가 가진
기쁨을 상대방과 나누는 것은 하나님께 속한 선한 마음입니다. 그러
나 혼자 벌 받기가 무서워서 남을 끌어들이는 것은 남을 내 방패막
이로 삼으려는 마귀의 악한 마음입니다. 사고 치고 덜컥 겁이 나니
그제야 생각이 난 남편에게 달려가 아무 일도 없는 척하며 자신이
유혹받은 그대로 "자기야, 먹어 봐. 맛이 죽인다니까" 하며 선악과를
내밉니다. 아담은 선악과를 아내에게서 받아 들고 하와의 탐심에 마
음이 동합니다. '뭐야, 하나님이 먹으면 반드시 죽는다더니 하와가
안 죽었네? 그렇지 않아도 평소에 궁금했었는데 하나님 말씀이 거

짓말이잖아.' 겉으로 보이는 하와의 살아 있는 육체의 모습만 보고 담대히 하나님의 경고의 말씀을 무시하고 아담은 덥석 선악과를 받아 먹습니다.

성경은 그들의 눈이 밝아져 자기들이 벗은 것이 부끄러워 보이고 그 부끄러운 수치심을 가리려 무화과 잎새로 치마를 해서 입었다고 기록합니다. 눈이 밝아졌다는 것은 무언가 새로운 세계가 열린 긍정적인 느낌인데, 자신의 벗은 모습이 부끄러워 손에 닿는 것이 무엇이든 그것으로 자신의 수치를 가리는 행동을 했다는 것은 무언가 이상합니다. 유혹되어서는 안 되는 일에 발을 담갔을 때 아뿔싸 눈이 캄캄해져 수치를 우선 감추고 숨는 모습입니다.

마약을 파는 이들의 유혹에 넘어가 마약 중독에 빠진 자신의 모습을 자랑스러워하는 이는 없을 것입니다. 그런데 대부분의 사람들이 '아차! 내가 길을 잘못 들어섰구나!' 하며 실상에 눈을 뜨면 뛰쳐나가 살 길을 찾기보다 더 심한 중독으로 빠져들어 깊은 수렁으로 빠지는 것을 볼 수 있습니다. 모든 중독의 양상은 유혹받음의 과정이나 결과가 똑같은 마귀의 인성 파괴 작전에 걸려드는 것입니다. 마약이 잠시 주는 맛에 빠져, 알면서도 끌려들어가는 그 죄의 감칠맛에 코가 꿰여 점점 더 깊은 죄악의 수렁으로 빠져드는 모습은 어리석은 죄인의 모습입니다.

하나님은 선악과가 독약이라고 분명히 경고하셨지만 인간은 경고를 무시하고 독약을 마셨으니 이는 하나님 탓이라 원망할 수 없는 일입니다. 선악과에 대한 경고는 사실 하나님께서 인간에게 "나는 네가 생명을 택하길 바란다"고 말씀하시는 것입니다. 인간에게 만물을 다스리는 하나님의 대리인 자격을 주셨으니 많은 능력을 부여받은 자답게 인간은 자신 안에 심어진 것을 귀한 것으로 인식하고 활용하는 자가 되라는 하나님의 애절한 배려입니다.

문제가 터지기까지는 자신이 얼마나 행복한 상태였는지 감각이 없습니다. 건강에 문제가 생겨 생사를 넘나들 때에야 생명의 소중함, 건강의 소중함이 크게 다가옵니다. 또한 물질에 문제가 터지면 의식주에 어려움이 없음이 얼마나 대단한 일이었는지를 느끼게 됩니다. 당연하다 여기던 것에 이상이 생겨야, 평상시의 모든 일들이 복이었음을 뒤늦게 깨닫습니다.

아담과 하와도 모든 것이 다 주어지니 감사에 무감각해졌습니다. 부끄러움이 없는 상태가 얼마나 행복하고 축복받은 상태였는지 몰랐습니다. 아담은 아무리 가리고 숨겨도 올라오는 수치심에 온갖 두려움의 소리가 커지고, 이런 마음으로 떨어지도록 유혹한 아내 하와에 대한 원망이 커집니다. 더 나아가 하나님에 대한 원망으로 가득차게 됩니다.

하나님이 의미하신 죽음은 직접적으론 하나님과의 관계가 끊어짐을 의미합니다. 무화과 잎새로 옷을 해 입고도 모자라 하나님의 낯을 피해 동산 나무 사이에 숨어 안절부절못하는 둘을 보며, 하나님은 저들의 모든 것을 아시며 "아담아! 아담아!" 하고 안타까이 그 이름을 부르십니다. 하나님께서 "내 말보다는 탐심에 어두워 먹으면 죽는다 경고한 선악과를 먹고 죽음의 독이 너희들 안에 일을 하는구나"라고 말씀하시며 아담을 부르십니다. 이는 오늘도 수치심과 죄의식으로 숨어 사는 죄인 된 우리를 살려 주시려고 어두운 수치와 두려움에서 떠나 부끄러워하지 않고 우리를 기뻐하시는 하나님을 믿고 하나님께로 돌아오라고 애타게 부르시는 하나님의 모습입니다. "아담아! 아담아! 네가 어디 있느냐?" 하고 부르시며 하나님 앞으로 불러내십니다. 완전해진 연후에 하나님께 돌아오는 것은 무지개를 잡는 것 같습니다. 탕자처럼 방황할 때 애타게 기다리시는 하나님 아버지 앞으로 더러운 모습 그대로 나옴이 우리가 살아날 수 있는 은혜의 길입니다.

14

책임 전가로 더 꼬이는
문제 폭탄

"여호와여 주의 이름을 아는 자는 주를 의지하오리니 이는 주를 찾는 자들을
버리지 아니하심이니이다"(시 9:10).

"네가 어디 있느냐?"

아담과 하와가 사고를 쳐 코가 쭉 빠진 모습으로 있을 때, 견딜 수 없이 몰려드는 수치심과 두려움과 죽음의 공포 앞에 떨고 있을 때, 그들을 향하여 하나님께서 자신의 앞에 나아오라고 애타게 부르십니다. "너희들이 수치와 두려움의 죽음 앞에 서 있는 것을 알고 있느냐?" 하시며 죽음의 벼랑 끝에서 돌이켜 자신의 손을 잡아야 살 수 있다고 계속 안타까이 외치십니다. 그러나 이미 저들의 눈이 변하여 더 이상 사랑의 하나님이 아닌 선악을 판단하는 심판자라는 공포의 대상으로 바뀌어 버립니다. 하나님과의 신뢰 관계에 금이 가니 의심하고 밀어내고 도망치며 무화과 잎새옷을 주워 입고 몰려드는 수치

심과 공포심을 모면하려고 잔머리 굴리기에 급급합니다.

오늘을 사는 우리도 "너는 아무 쓸모 없는 쓰레기 인간이야!" "너는 부끄러운 존재야. 네 인생은 민폐야!"라는 말로 콕콕 찌르는 선악과의 정죄의 소리를 들으면 아담과 하와가 마주한 공포의 지옥에서 빠져나올 길이 없습니다. 여전히 선악과를 먹으면 정녕 죽습니다. 자신이 옳다 그르다 하는 선악의 잣대를 갖고 의심의 눈으로 무엇을 바라보든 그 결과는 뻔합니다. 하나님이 나 같은 것을 사랑하실 리가 없다고 단정 짓고 마음을 닫으니 신뢰 관계가 성립되지 못합니다. 그저 마음이 불안하고 무섭습니다. 이런 깨진 관계에서 하나님이 아무리 좋은 뜻으로 말씀하신들 뒤틀리게 때리는 소리로 들립니다. 모든 질문에 궁색한 변명을 늘어놓고 괴로운 그 자리만을 벗어나려 안간힘을 씁니다.

"네가 어디에 있느냐?" 하는 하나님의 소리를 듣고 아담은 "내가 벗어서 두려워 숨었다"고 대답합니다. 그 전에는 벗었지만 부끄러움이 없는 상태로 하나님이 만드셨습니다. 그런데 벗은 것이 부끄럽게 느껴져 두려워 숨었다 하니 하나님은 "누가 네게 벗은 것이 부끄러운 것이라고 알려 주었느냐?"라고 물으십니다. 수치스럽고 두려워 숨는 마음은 마귀가 주는 것입니다. 설사 불순종한 아담일지라도 하나님은 여전히 "너는 내가 사랑하는 아들이라"고 분명히 말씀하십니다. 그런데 아담은 "결국 하나님의 말씀을 듣지 않아 이렇게 되었습니다. 잘못했습니다. 용서해 주세요"라고 남자답게 실수를 인정하면 될 것을 "하나님이 주신 저 여자가 내게 열매를 주어 먹었습니다"라고 여자에게, 더 나아가 하나님에게 책임 전가를 함으로써 자신이 불순종한 죄를 합리화하고 책임 회피를 하는 못난 남자의 모습을 보였습니다. 어찌 보면 책임 전가로 회피하고 하나님을 속이는 것에 성공한 듯 보여서 하와도 아담을 따라 "뱀이 나를 꾀므로 내가 먹었다"고 뱀의 탓을 합니다. 이런 모습은 마치 하나님의 눈을 피하는 것이 불가능하건만 튀는 불똥을 최대한 피해 보려 앞가림에 급급한 지금의 우리와 똑같습니다. 책임 회피도 모자라 책임 전가로 빠져 나가는 것은 자신에게 주어진 복들을 제 손으로 하나하나 저주의 상태로, 마귀와 닮은 꼴인 죽음의 상태로 바꾸는, 죽음에 이르는 죄입니다.

이렇게 의심으로 시작해서 밀고 밀려나고 점점 아름다운 관계를 제 손으로 헐어내며 더욱더 캄캄한 지옥의 나락으로 떨어지는 어리석은 죄인들이건만 이런 죄인들일지라도 개의치 않으시고 초지일관 우리를 기뻐하시는 하나님의 사랑에는 변함이 없습니다. 아니, 죄의 나락에 떨어진 아이일수록 가슴 아파서 아이의 죄를 대신 뒤집어쓰고 죽으시고 아이를 살리기로 작정하십니다. 죄 없는 양을 죽여 그 가죽으로 손수 옷을 해 입혀 불안감에 안절부절못하는 저들을 가려 주십니다. 죄인을 가려 주시기 위해 자신의 아들을 십자가에 내어 주십니다. 이것이 하나님의 절박한 사랑입니다.

15

마음속의
땅굴

"예수께서 자기를 믿은 유대인들에게 이르시되 너희가 내 말에 거하면 참으로 내 제자
가 되고 진리를 알지니 진리가 너희를 자유롭게 하리라"(요 8:31-32).

우리가 하나님이 심히 기뻐하시는 존재라는 것은 변하지 않는 영
원한 진리입니다. 하나님은 그렇게 말씀하시는데 아담과 하와는 하
나님 말씀이 곧이 들리지 않습니다. 선악과를 따 먹기 전 서로가 기
쁘고 소중히 여겨지던 마음은 사라지고 자신의 벌거벗은 모습이 부
끄럽고 이제 상대방이 소중하지도 기쁘지도 않으며 그가 한 일들을
생각하면 부끄럽고 우습게만 보입니다. 자기 입장에서 생각할수록
화가 치밀고 꼬리에 꼬리를 무는 생각을 따라가며 네 탓이라는 원망
의 골이 깊어져 사망의 음침한 골짜기로 곤두박질치게 됩니다. 부끄
러운 수치심이 운전하는 대로 따라가면 수치심이 죄책감으로, 죄책
감이 구차한 변명으로, 책임 회피의 변명이 책임 전가로 원망의 대

로를 뚫고 마음 안에 땅굴을 후벼 파고 들어갑니다. 병든 마음의 땅굴 안에서 자기 기대의 잣대로 바라보니 모두가 못마땅하고 그 어느 누구도 기쁘지가 않습니다. 하나님 말씀보다 제대로 보이지 않는 깨진 거울들을 바라보며 못났다고 실망하고 비관하고 힘들어 하나 그런 지옥의 상태를 견디지 못합니다. 하나님이 새겨 놓으신, 하나님이 기뻐하시는, 못나지 않았다고 반대하는 마음이 내 안에서 실망한 마음을 일으켜 떨어진 자존심을 세우려고 자기 식으로 살 길을 찾아 나섭니다. 이러한 자기 식의 생존 방식을 우리는 성격이라 부릅니다.

마음은 마치 정밀한 기계의 회로와 같이 작동합니다. 생각이 마음에 떠오르면 감정이 반응을 하고, 반응한 희로애락에 따라 의지가 어떻게 말하고 행동할지 작동의 키를 눌러 실천으로 옮기는 시스템을 따르도록 움직입니다. 죽이는 믿음을 따라 마음이 움직이면 죽음의 상태가 임하고, 살리는 믿음을 따라 마음이 움직이면 생명의 상태가 임합니다. 마음은 인간을 다스리는 생명의 근원입니다. 하나님의 말씀을 진리로 받아들이고 따라가 말씀을 들으면 회복이 일어납니다.

내가 잘하나 잘못하나 지켜보고 있다가 조금이라도 잘못하면 가차없이 심판의 칼날을 들이대는 비정한 심판자로, 혹은 잘하든 말든 상관하지 않는 무심한 존재로, 기분 내키는 대로 파워를 행사하는 폭군으로 하나님을 생각하는 잘못된 믿음을 버려야 합니다. 나를 사랑하는 창조주 아버지로 받아들이는 믿음을 선택하여 신뢰하면 지옥 같은 삶에 빛이 들어옵니다. 생명의 근원이신 하나님을 신뢰할 때 뒤틀어진 마음의 눈이 하나님의 관점으로 바뀌게 됩니다. 선악과를 땄을 때 벌거벗은 상태가 부끄러운 수치감으로 덮쳐 오던 병든 자존감에서 벗어나 오히려 벌거벗은 모습 그대로를 보기에 심히 좋다고 기뻐하시는 하나님이 나를 소중한 자녀로 삼아 주셨다는 사실을 인식하는 순간 자신을 바라보는 눈의 변화가 일어납니다. 내 마음이 하나님의 마음과 하나 되어 내 안의 병든 인생관, 가치관 등에 변화가 일어나 하나님의 형상이 회복되고 환경을 다스리는 하나님의 사람으로 우뚝 서게 됩니다. 하나님이 내 안에서 왕으로 다스리시는 온전한 하나님의 백성 됨이 인생 최대의 영광입니다.

16

자존심과 자존감은
하늘과 땅 차이

"의인은 없나니 하나도 없으며 깨닫는 자도 없고 하나님을 찾는 자도 없고 다 치우쳐
함께 무익하게 되고 선을 행하는 자는 없나니 하나도 없도다"(롬 3:10-12).

　　지구가 축을 중심으로 자전과 공전을 하듯이 사람의 마음에도 그
중심을 움직이는 축이 존재합니다. 하나님의 형상으로 창조된 인간
에게 하나님을 닮은 자녀라는 자존감은 '나'라는 존재를 굳게 잡아
주는 인생의 중심축이 됩니다. 그러나 주인 되신 하나님의 다스림의
원리에 반기를 들고 하나님 자녀의 자리를 떠나 내가 주인이 되어
사는 인생이 기대는 축은 바로 자존심(pride)입니다. 곧 내가 왕 됨
을 지키는 문지기이자 나만이 소중하다고 여기는 것이 자존심입니
다. 자존심은 자신의 손익에 철저히 민감합니다. 자존심은 또한 자
신의 왕 된 자리의 위협에 본능적으로 대응하며 목숨 걸고 사수합니
다. 그래서 "혹시나 누가 나의 부족함을 알고 나를 무시하는 것은 아

닌가? 누가 내 것을 빼앗으려 하지 않는가? 내 솔직한 모습은 너무 부끄러워 자신이 없는데, 아무도 내 안에 들어오면 안 돼. 내게 죄가 있음을 인정하면 벌을 받을 거야. 선악과를 따 먹으면 정녕 죽는다 했는데, 나는 죽는 게 무서워. 죽기 싫어"라고 외칩니다.

끊임없이 빗발치는 번민의 소리가 들립니다. 이미 하나님을, 내 잘못을 지적하고 문초하고 벌을 주시는 무서운 심판자로 여깁니다. 마음속에서 사랑의 하나님에서 심판자의 하나님으로 바뀌어 그분과의 관계가 깨진 것입니다. 그것은 부끄럽고 두려워서 변명하고 빠져나갈 구멍을 어떻게라도 찾아 거짓으로 자신을 마춰시키는 아담의 모습입니다. 하나님의 아들로서의 당당한 모습은 사라지고 쫓기면서도 쥐구멍을 찾아 숨으며 자기 위신을 찾으려 하고 책임 전가에 급급한 아담의 모습입니다. 하나님의 형상을 닮은 아들로서의 자존감이 온갖 힘을 동원해 자신의 입장을 지키려는 치사한 자존심으로 바뀐 인생의 내면 세계는 한마디로 지옥입니다. 다 치우쳐 한 가지로 무익하게 되어 감정에 충실해 자극적이고 사나운 자존심에 붙잡혀 휘둘리는 인생은 누구나 목구멍은 열린 무덤이요, 그 혀로는 속임을 일삼으며, 그 입에는 저주와 악독이 가득하고, 그 발은 피 흘리는 데 빠릅니다. 이들은 파멸과 고생이 그 길에 있어 평강의 길을 알지 못하고 하나님을 두려워함이 없습니다.

"그들의 목구멍은 열린 무덤이요 그 혀로는 속임을 일삼으며 그 입술에는 독사의 독이 있고 그 입에는 저주와 악독이 가득하고 그 발은 피 흘리는 데 빠른지라 파멸과 고생이 그 길에 있어 평강의 길을 알지 못하였고 그들의 눈앞에 하나님을 두려워함이 없느니라 함과 같으니라"(롬 3:13-18).

그런데 참으로 안타까운 것은 예수님을 영접하여 구원받아 신분의 변화는 일어났건만 그 마음을 움직이는 운전사의 축인 왕 중 왕 하나님 자녀의 자존감(self esteem)은 뒷방에 처박혀 있다는 것입니다. 여전히 알량한 자존심이 삶의 축인 불신자와 같은 열악한 신자의 모습으로 오늘도 하나님의 마음에 대못을 박고 있다는 것입니다.

자존심에 붙들려 휘둘리고, 알량한 자존심을 지키려 머리를 굴리며 계속 낮아지는 자존감을 가려 보려 하지만 가릴수록 말라 비틀어지는 무화과 잎새옷일 뿐입니다. 말씀대로 살아보려 몸부림할수록 절대 절망에 이르러 "내 속사람으로는 하나님의 법을 즐거워하되 내 지체 속에서 한 다른 법이 내 마음의 법과 싸워 내 지체 속에 있는 죄의 법으로 나를 사로잡는 것을 보는도다"(롬 7:22-23)라고 부르짖습니다. 그러다가 "오호라 나는 곤고한 사람이로다 이 사망의 몸에서 누가 나를 건져내랴"(롬 7:24)라고 소리치며 자신 안에 아무런 선이 없음을 통탄하며 절망하는 가운데 "우리 주 예수 그리스도로 말미암아 하나님께 감사하리로다…"(롬 7:25)라는 감사가 생겨납니다. 예수님 안에서 구원받은 자가 받은 최고의 선물이 하나님의 자녀 됨임을 알고 바른 정체감을 깨닫게 될 때 감격의 고백이 터져 나오게 됩니다.

하나님 자녀로서의 자존감 회복만이 자존심이라는 죄의 굴레에서 벗어나 자유하며 영생을 누리는 길입니다. 모든 구원받은 사람들이 예수님 안에서 예수님 닮은 자녀의 회복된 자존감을 당당히 붙들고 일어나 신령과 진정으로 우리 주님을 한 목소리로 찬양하기를 염원합니다.

17

변질된
양심의 회로

"내 은혜가 네게 족하도다 이는 내 능력이 약한 데서 온전하여짐이라"(고후 12:9).

선악과를 따 먹은 후 인간의 의식 구조에 많은 변화가 생겼습니다. 마음의 사고방식 시스템에서 하나님의 말씀이 판단의 잣대이던 진리 사고 체계가 자신의 눈으로 보기에 좋은 대로 세상을 재는 허상이 잣대인 거짓 사고 체계로 바뀐 것입니다. 생각이 거짓을 진리로 상상해 받아들인 그대로 감정, 의지가 반응하고 마음 판에 기억되었습니다. 자신의 벌거벗음이 수치로 보이고 죄의식이 마음 판에 코팅되었습니다. 모든 생각의 흐름이나 감정, 의지, 상상력, 따라오는 행동들도 수치심과 죄의식의 검은색으로 모두 코팅되었습니다. 양심도 예외는 아니어서 하나님의 성품을 바로 따라가도록 도덕적인 가이드를 해주는 선한 양심 위에 자신의 것이라 여기는 모든 것을 지키고 방어하는 목적으로 변경된 악한 양심이 덧입혀졌습니다.

선한 양심은 악한 양심에 둘러싸여 그 목소리를 낸다 해도 보통은 사나운 악한 양심에게 먹힙니다. 악한 양심은 자신의 것에 위협을 느끼는 것에 극도로 예민하기 때문에 위기를 느낄수록 칼날과 같이 예민하게 반응합니다. 자신이 하나님의 역을 하기 때문에 늘 심판을 합니다. 하여 악한 양심의 목소리가 요구하는 자신의 법이 관철되지 않으면 분노로 대응하고, 과격한 판결을 내려 파괴하고 응징하고, 살인도 일말의 가책 없이 합리화하여 불사할 수 있습니다. 바로 가인의 모습에서 부추기는 악한 양심에 휘둘려 동생을 죽이고도 가책은 고사하고 자기 목숨만을 챙기는 극도의 악한 모습을 발견합니다. 자신의 가치를 인정받고자 하는 이생의 자랑의 욕구가 강할수록 조금만 원하는 것이 좌절되어도 거절감에 치를 떱니다. 또한 복수극으로 응징하려는 마귀식 단순 구조의 악한 양심은 소진될 때까지 에너지를 쏟도록 몰아갑니다. 이것은 내게 죄 지은 자를 정당 방위의 이름으로 거의 기계적으로 원수를 갚는 의식 구조입니다.

악한 양심이 맹렬히 일하는 무대는 자기 중심에서 보고 느끼고 판단하는 자기 의가 잣대이기 때문에 어느 상황이든 언제나 자신이 억울한 희생자의 입장에 섭니다. 그런 상황에서 문제를 바라보면 아무리 말씀을 읽고 말씀대로 용서하려 해도 화가 잔뜩 난 마음이 꿈쩍하려 들지 않습니다. 로마서 7장을 읽고 또 읽으며 "오호라 곤고한 자라" 통회하고 정죄하고 마음을 달래 봐도 한번 독이 오른 악한 양심은 오히려 극도의 처단 쪽으로 몰고 갑니다. 외골수 일방통행인 것입니다. 절대로 자신이 옳다고 믿기에 모든 폭력을 동원해 응징해도 화가 가라앉지 않습니다. 특별히 열등감이 강할수록 예민해진 거절감이 온 세상이 자기를 무시하고 거절하는 것처럼 상상을 키워 악한 양심을 갈고 닦은 터인지라 과대망상증, 편집증, 사이코패스(psycopath), 소시오패스(sociopath) 등을 포함해 정신병의 수준에까지 다다라 자신의 인간성을 깎아 먹습니다.

하지만 자신을 몰아 세워 폐인이 될 지경까지 되어도 자신의 한계 속에서 두 손 들고 예수님께로 나아오면 주님은 그를 받아 주십니다. 어떤 형편이든 절대 몰아 세우시지 않고, 따지지도 않고 파산한 탕자를 기다리고 기다리시다가 맨발로 뛰어나와 꼭 안아 주시는 아버지의 애절한 사랑을 보여 주십니다. 이를 악물고 예수 믿는 자들을 색출해 핍박하던 사울이 다메섹에서 드라마틱하게 하나님을 만나 진리에 눈뜨고 개종하여 바울로 다시 태어난 것, 스스로 예수 그리스도의 종이라 칭하며 일생을 헌신한 것이 놀라운 은혜입니다.

자신이 절대 옳다고 여기는 악한 양심의 활동은 저주입니다. 주 예수님의 피가 악한 양심의 목소리를 물러나게 하고 선한 양심을 불러일으켜, 주님의 이름으로 하나님을 대적하는 자신의 기막힌 모습을 보도록 해주십니다. 악한 양심이 할 말을 잃고 조용해지니 용서받은 마음이 겸손히 쉼을 얻고 마음의 평안을 입고 이렇게 고백합니다. "내 은혜가 네게 족하도다." 그렇습니다. 주님, 감사합니다.

18

육적 내면세계와
영적 내면세계의 비교 묵상

"자기의 육체를 위하여 심는 자는 육체로부터 썩어진 것을 거두고
성령을 위하여 심는 자는 성령으로부터 영생을 거두리라"(갈 6:8).

	선악과 (자신이 법이고 왕임)	생명과 (예수님이 진리이고 왕임)
열매를 먹은 결과	금지된 열매(죽음) 거짓말 사고방식 시스템(Lie base thinking system)	허락된 열매(영생) 진리 사고방식 시스템(Truth base thinking system)
먹은 후의 증세	영적으로 임한 죽은 상태(부끄럽다, 두렵다) 내가(self) 내 삶의 왕(가짜 왕) 내 눈의 잣대가 판단의 기준 비진리(거짓말) 사고방식 행위 구원	하나님이 왕(부끄럽지 않다, 기쁘다) 하나님의 말씀이 삶의 기준 진리 사고방식 은혜 구원(오직 예수)
마음의 운전수	수치심, 두려움 불안한 육신의 탐심, 정욕	오직 왕 되신 예수님께 영광(하나님의 마음)
삶의 중심 (초점)	나(자아, self) 자기 영광 사람의 일 Doing, 결과만 중요	하나님 하나님께 기쁨, 하나님의 영광 하나님의 일 Being, 모든 순간이 다 중요

	선악과 (자신이 법이고 왕임)	생명과 (예수님이 진리이고 왕임)
내면 상태	마음의 땅굴을 파고 들어감 수치심〉두려움〉숨다〉불안〉 열등감〉정당화〉변명〉 자기감정에 충실〉책임 전가〉자기 의〉비판적〉 분노(control, 전쟁), 짜증, 까칠, 불행감, 황폐함	안정된 심령으로 평안함 하나님께 속한 것을 사랑함 말씀 사랑, 하나님 임재 사랑, 하나님 사랑, 사람 사랑, 자연 사랑 하나님의 마음과 하나로 연합해 말씀 충만, 기도 충만, 팔복의 심령, 성령 열매 충만 행복하다, 따뜻하다, 사랑 충만
(무화과 잎새옷) ; 성격 삶의 처세술	육을 따름(육신의 정욕, 안목의 정욕, 이생의 자랑), 희생양, 자기연민(poor me), 원망, 탓(co-dependent 의식), 합리화, 자기 의(극도로 율법적), 무심함(극도의 이기주의)	성령의 인도를 믿음으로 순종 성령의 열매 충만 오직 하나님의 영광을 추구
자존감	매우 낮고 혼동된 자존감 정서가 극히 불안함	천국의 지상 선교사, 대사로서의 분명한 정체감
행동 패턴	자신에게 집중 환경에 좌우됨 권모술수로 지배하려 듦 손익에 민감하고 감정에 충실하여 조종적임 공치사 심함 성취, 목표, 결과 지향적 모든 것은 자신을 위한 도구일 뿐 과잉 자기방어, 비판적, 공격적, 파괴적, 우울증세, 망상증, 정신질환, 각종 중독, 자살	예수님의 눈으로 보고 듣고 그 말씀을 신뢰하고 순종하며 하나님의 마음과 하나 되어 형제를 돌봄 관계 지향, 생명, 사람을 소중히 여김 영혼 사랑, 섬김 예수님의 제자로의 동기부여 인격적 관계
자주 하는 말들	다 너 때문이야. 다 내 덕이고 내 팔자야. 도무지 되는 일이 있어야지. 왜? 왜? 왜? 이번엔 또 무슨 일?	감사합니다 제게 임한 은혜가 족합니다 기뻐요, 사랑해요, 기도하고 있어요. 말씀에 은혜받았어요
주위에 있으면	곁에만 있어도 기운을 빼고 힘듦 사람들을 이간시키고 관계를 끊어 놓음 불평, 불만, 원망, 비판, 분리 조장, 지옥을 가져옴	함께 있으면 힘이 남 곁에 있고 싶음 마음이 따뜻해짐 교제 가운데 주님의 생명수가 흘러 가슴을 적심 천국이 임하는 영향력

19

축복과
저주

"복 있는 사람은 악인들의 꾀를 따르지 아니하며 죄인들의 길에 서지 아니하며
오만한 자들의 자리에 앉지 아니하고"(시 1:1).

아무리 뿌리를 파내어 잘라내도 얼마 지나면 다시 자라나 노랗게 꽃피우는 민들레 잡초와 같이 우리는 스스로 우리 안의 죄를 아무리 잘라내도 다시 자라나 도저히 어쩔 수 없다고 포기합니다. 또한 자신의 한계를 인정한 듯 죄에 져서 넘어감을 합리화합니다. 그러나 시편 기자는 단호히 그것은 각자의 선택이며 복도 저주도 다 자신의 몫이라고 말합니다. 우리는 좋은 결과만 바라고, 그 결과를 얻기 위한 힘든 과정은 내가 할 수 없는 것으로 미리 포기하고 쉬운 길을 택합니다. 그러다가 막상 쓴 열매가 맺히면 원망으로 빠지는 병든 마음을 끼고 삽니다.

하지만 비록 막 달려가던 길일지라도 바른 길로 가는 방법이 하

나 있습니다. "아차, 잘못 들어섰네" 하고 깨닫고 잘못된 길에서 멈추어 서서 내비게이션에 찍힌 목적지를 확인하고 내비게이션이 지시하는 대로 따라가면 비록 중간에 길을 잃었다 해도 무사히 목적지에 도착할 수 있습니다.

우리가 인생길을 잘못 선택해서 악인의 꾀를 좇으며 죄인의 길에 서서 오만한 자리에 앉아 교만한 삶을 살다 보면 언젠가는 바람에 나는 겨와 같이 고통 가운데 사람들에게 버림을 받고 완전히 고립된 듯한 저주의 상태를 만날 수도 있습니다. 자신의 한계와 허무를 절감한 영혼이 파산한 바로 그 자리에 멈추어 서서 "오직 여호와의 율법을 즐거워하여 그 율법을 주야로 묵상하며" 하나님께로 인생을 재조정할 수 있습니다. 어려움 중에라도 베풀어 주신 은택을 계속 되새김질하듯 밤낮으로 묵상하며 하나님의 은혜에 잠기도록 자신을 하나님의 곁으로 밀어 넣는 것입니다. 그러는 동안 시냇가에 심은 나무가 시절을 좇아 과실을 맺으며 그 잎사귀가 마르지 아니함같이 서서히 영혼 깊숙이 십자가의 은혜가 녹아 들어가며 말씀이 꿀송이 같이 달게 느껴지고 그리스도의 평강이 전 존재에 스며들어 점차 안정을 찾아갑니다. 영혼이 하나님의 은혜로 가득하여 자신이 변화되니 세상이 달리 보이기 시작합니다.

내 영혼이 감사와 기쁨으로 넘치니 입을 열면 감사와 축복이 흘러 나옵니다. 이제 제대로 하나님의 마음과 같은 방향으로 마음을 두니 더 이상 악한 양심이 이웃을 종종 고소하더라도 별 힘을 발휘

하지 못하고, 이웃을 품는 믿음에서 나오는 주님의 사랑이 그 마음을 이끌어 갑니다. 이리저리 주위에 껄끄럽던 관계의 벽들이 점점 허물어지고 주위에 사람들이 모여듭니다. "그 행사가 다 형통하리로다." 막힌 듯 답답했던 상황들이 마치 하나님의 감동하심에 의해 하나씩 풀려나가는 기적들을 체험합니다.

예전 같으면 자신의 덕으로 돌리며 목에 힘이 들어갈 만합니다만, 이제는 압니다. 이것이 다 하나님께서 길을 여시고 잔칫상을 마련하시고 상 주시는 것이라는 사실을 말입니다. 자신의 공을 내세울 일말의 여지가 없는데 높여 주시는 하나님의 칭찬에 어찌할 바를 모르며 감사로 예배를 드립니다. 이것이 복 있는 자의 모습이며 그가 걷는 길입니다.

결코 축복의 길과 망하는 악인의 저주의 길은 정해진 운명의 장난이 아닙니다. 우리 하나님은 바람 부는 대로 주사위를 던지는 비정한 운명의 폭군이 아니십니다. 사람의 일생을 꼼짝 못하도록 운명 지으신 분이 결코 아니십니다. 형통이 보장된 축복의 길이든 망하는 저주의 길이든 그 결과는 각자가 선택하게 하셨습니다. 축복도 저주도 결국은 내가 무엇을 심는가에 따라 맺히는 열매일 뿐입니다. 육이냐? 영이냐? 내 생각대로인가? 하나님 말씀인가? 어느 쪽을 선택하든지 그것은 나의 몫입니다.

우리 모두 축복받기를 너무도 소원합니다. 우리는 고지식하게 한마음으로 축복의 길만을 따라가면 됩니다.

chapter 4

영혼을 죽이는
죄의 악성
바이러스

그러므로 너희는 죄가 너희 죽을 몸을 지배하지
못하게 하여 몸의 사욕에 순종하지 말고
또한 너희 지체를 불의의 무기로
죄에게 내주지 말고

(롬 6:12-13)

20

마귀의 교묘한 속임수와
미혹 작전

"이는 우리가 이제부터 어린아이가 되지 아니하여 사람의 속임수와 간사한 유혹에
빠져 온갖 교훈의 풍조에 밀려 요동하지 않게 하려 함이라"(엡 4:14).

마귀는 속임수의 왕입니다. 온 세상을 초토화하려는 악의에 가득
찬 존재입니다. 하나님을 섬기도록 주어진 인간의 능력을 악용하는
데 능수능란합니다. 어리석은 인간의 탐심을 부추겨 서로 싸워 완전
자멸에 이르도록 죄로 인간을 묶고 있는 강도, 죄의 왕입니다. 인간
은 주인이신 하나님의 다스림 아래 있어야 존재 의미가 있는 의존적
존재입니다. 인간은 홀로 살 수 있는 독립적인 존재가 아닙니다. 그
런데 말씀을 불신하고, 마귀의 미혹에 넘어간 순간 마귀는 하나님을
밀어내고 인간의 왕 노릇을 하게 되었습니다.

마귀는 온갖 미혹으로 하나님의 자녀 된 우리의 권리를 빼앗으려
는 강도이며 도적입니다(요 10:10). 마귀가 속임수로 빼앗은 인간들

이 예수님을 구주로 믿고 거듭날 때 그 사람의 주인 자리는 다시 하나님께로 갑니다. 그러나 거듭났더라도 여전히 사람은 구원에 따라오는 비밀을 다 알지 못합니다. 구원 안에 포함된 내용을 알아듣는 데 시간이 걸립니다.

에베소서 2장 2절에 나오는 "공중의 권세 잡은 자"라는 말은 마귀를 칭합니다. 그런데 여기서 '공중'은 무엇인가요? 공중은 하늘이 아니라 소우주인 사람의 마음을 칭합니다. 생명의 근원이 마음에서 나오기에 마음을 잘 지키라고 하십니다. 마음의 중심이 생각이기에 무엇을 중시하는가에 따라 공산주의자도 되고 물질의 노예, 권력 집착자, 허무주의자가 됩니다.

마귀는 성화되지 못한 육신의 탐심의 죄를 통해서 여전히 받은 구원을 누리지 못하도록 필사적으로 흔들어 댑니다. 하나님의 말씀을 자기중심의 탐심을 통해 보고 하나님께 불순종하도록 반항심을 불러일으킵니다. 하나님을 나를 돕는, 내 소원을 들어주는 시녀로 부리며 자기 영광을 구하도록 하나님의 이름을 이용하고 합리화하게 합니다. 우리 안에 죄가 무성한 만큼 마귀의 활동 무대를 넓게 깔아 주는 것입니다. 마귀의 통로는 우리의 죄성입니다(갈 5:19, 롬 1:24). 지저분한 오물이 있는 곳에 파리가 꼬이는 법입니다.

마귀는 신자들의 마음을 뒤흔들어 불신자나 다름없는 허울 좋은 기복신자, 자신을 알아주지 않는 세상을 못마땅하게 여기며 혈기 넘치게 의로운 종교인으로 살도록 몰아가기도 합니다. 모두가 자신이 왕인 요즘 시대에 예수님의 이름으로 수고하지만 마귀의 화신처럼 가는 곳마다 불화를 일으키는 율법신자도 있습니다. 마귀는 이런 율법신자들을 하나님의 자녀라는 소속감을 갖지 못하도록 구원의 확신을 흔들고 신자의 정체성을 공격합니다. 그렇다면 우리를 죄에 얽매어 놓는 마귀의 심리 전술 작전은 무엇일까요?

마귀는 먼저 우리가 갖가지 죄를 짓도록 유혹합니다. 일단 죄를 짓도록 유혹하는 일에 성공하면 죄 짓고 밀려오는 죄의식, 수치심, 자존심과의 싸움 등을 빌미로 '네가 하나님의 사람이냐?'라며 오만 가지 고소로 찌릅니다. '너는 무용지물, 무익한 종, 쓸모없는 죄인, 죽어 마땅한 벌레만도 못한 도무지 소망 없는 쓰레기 같은 인간'이라고 속삭이며 정체감의 혼란을 가져오게 하고, 절망의 구렁텅이로 몰아넣어 하나님을 멀리하게 만듭니다. 사역도 인생도 자포자기하게 하고 가슴에서 희망을 빼앗고 로뎀나무 밑으로 던져 넣어 의기양양 밟고 일어섭니다. 이렇게 마귀의 포로가 된 사람은 자신의 비위를 건드린 남에게 자신의 가치를 증명하려고 비난을 쏟아놓고 불타오르는 미움과 분노의 활화산에 전 인격이 삼킨 바 되어 이제까지 쌓아온 모든 관계를 한방에 박살을 냅니다. 마귀는 안팎으로 휘둘려 생의 의욕을 잃은 산송장처럼 된 사람을 지옥의 상태로 탈진시켜 물귀신처럼 끌고 들어갑니다.

구원받은 자들에겐 구원의 복을 누리지 못하도록, 불신자와 다름없는 죄에 지배당하는 삶에 얽매이도록 유도하여 이중인격 신자화를 꾀합니다. 신자의 사명감을 교란시킵니다. 마음에 병이 들면 자연히 복음전파의 열망도 사라지게 되고 전도의 길이 닫힙니다. 진리를 혼동하도록 교란해 때로는 이단으로 빠지도록 열심히 오도(誤導)합니다.

이때 하나님은 "너 하나님의 사람아! 언제까지 마귀가 너를 몰고 가도록 속고 또 속으면서 두고 볼 것이냐? 마귀가 계속 너를 휘두르며 끌고 다니도록 자신을 방치해 두려느냐?" 하고 경고하십니다.

구원받은 신자들이 죄 가운데서 헤어나오지 못하고 마귀에게 속아 휘둘리는 모습을 보시는 우리 주님의 마음은 어떠실까요? 우리 모두 깨어나길 원합니다. 예수님의 귀하신 피 값으로 구원받은 우리는 택하신 족속, 왕 같은 제사장, 거룩한 나라, 주님의 백성입니다. 주님이 "너는 내 것이라! 내게 돌아오라!"고 애절히 부르십니다. 우리를 내 사람이라 꽉꽉 도장 찍고 인 치신 이의 말씀이 진리입니다. 그 진리를 가슴 깊이 끌어안은 채 고소하고 질타하는 마귀를 내 안에서 주님의 이름으로 몰아내고 주님이 일어나라 하신 38년 된 중풍병자처럼 겉옷을 들고 벌떡 일어나 걷기를 소망합니다.

21

영혼의 바이러스
욥의 완전주의 자기 의

|

"내가 내 공의를 굳게 잡고 놓지 아니하리니 내 마음이 나의 생애를 비웃지
아니하리라"(욥 27:6).

욥은 자타가 공인하는 동방의 의인이었습니다. 어느 곳을 둘러봐
도 흠잡을 데라고는 하나 없이 물질과 명예와 덕까지 골고루 갖춘
명품 중의 명품 인생인 그에게 회오리바람이 불어닥칩니다. 순식간
에 그 많은 재산이 날아가고 자녀들이 죽고 머리 꼭대기부터 발끝까
지 악창이 생겨 그의 아내가 "네 하나님을 저주하고 죽으라"고 악담
을 퍼부어 댈 정도로 바닥을 칩니다.

그 소식을 들은 세 친구가 찾아와서 욥의 모습을 보고 나름대로
위로한다는 것이 "네가 죄를 지었으니 하나님이 너를 이 지경이 되
도록 치시지 않았느냐?"며 회개를 강요합니다. 그들의 말이 옳은 말
이기는 하나 그야말로 그들이 말하는 옳은 일만 하고 살려고 최선을

다한 욥에게, 하나님께 섭섭한 마음에 열불이 난 욥에게 기름을 부은 셈이 되었습니다.

"주신 것도 여호와이시니 취하신 이도 여호와"라고 말하며 겨우 마음을 추스르는 욥은 친구들로 인해 자기가 그동안 열정적으로 하나님 앞에 깨끗한 인생을 살아온 공치사에 자기 의분을 폭발시킵니다. 자타가 공인하는 청렴한 삶을 생명을 다해 살아온 이들에게 '자기 의'란 자기를 중심으로 남에게 보이기 위해 쌓아 올린 의로운 높은 바벨탑입니다. 하나님은 나란 사람이 존귀하게 여김을 받는 데 필요한 도움을 주는 내 삶의 들러리일 뿐입니다.

인생의 허다한 환란과 고생의 파도를 허우적대며 넘다 보니 새삼 분 내고 화내는 것도 힘이 있어야 할 수 있는 사치였음을 깨닫게 됩니다. 갑작스러운 환란이 몰아닥치기 전에 욥은 그야말로 순풍에 돛 달듯이 만사형통일 뿐 고생을 모르는, 단련되지 못한 무쇠 같은 인생이었다고 볼 수 있습니다. 갑자기 고통을 만나 죽을 맛인 상황에 부채질을 해대니 행위 구원의 자기 의를 내세움이 즉각 발동하여 심지어 "어머니 배 속에서 죽었더라면!"이라고 외치며 하나님을 원망하고, 그분에 대한 신뢰가 그만 섭섭한 울화에 삼켜져 함부로 나오는 대로 폭언을 쏟아냅니다.

초신자 때에는 성경 지식도 교회생활도 부족하여 차라리 나서지 않습니다. 그런데 세월이 흘러 교회 지도자의 자리를 지내며 나름대로 늘어난 성경 지식과 쌓인 섬김의 시간들에 의해 자신도 모르는 사이 욥과 같은 의로운 사람이 되어 갑니다. 평상시에는 잘 보이지 않지만 문제가 터질 때 반응하는 모습이 영적 성숙의 잣대라고 말할 수 있습니다. 욥은 물질이나 자녀들, 건강에 대형사고가 터졌을 때도 자신의 마음과 입술을 지켰으나 들이대는 친구들의 정죄에 속절없이 무너지고 맙니다. 자기 의라는 자존심이 욥의 아킬레스건이었던 것입니다.

말씀을 듣고 예배를 드리며 오랜 교회생활에 젖은 묵은 신자들은 하도 들은 것이 많아서 귀동냥으로 주워들은 지식들을 자신의 영적 성숙으로 착각하여 자기도 모르게 자기 법이 많아지기 십상입니다. 다른 이들이 보는 것은 말보다는 실제의 모습이기에 교회 연조만큼, 자신들이 은근히 대접받기를 원하는 기대치가 높은 만큼 그것이 따라주지 못하면 불안해지면서 교회의 실세로 착각하여 자기 의를 붙들고 교회를 혼란에 빠뜨리는 통에 자신들이 순전히 수고한 것조차 물거품으로 만드는 멍들고 병든 신자들을 너무나 많이 만났습니다.

욥이 자기중심으로 상황을 보며 분노하는 한계 속에서 창조한 피조물을 세워 가시는 세상 경영자 하나님을 만나며 자신이 티끌임을 인식하고 하나님의 주권을 인정하니 막혔던 은혜의 봇물이 터집니다. 너무도 의로운 욥이었기에 이런 모진 고난을 지나지 않았다면 여전히 그는 "내가 부요한 자리를 누림은 내가 하나님이 보시기에 흠이 없이 잘해서 그래" 하고 자기 의의 잣대로 자기에게 상을 주었을 것입니다. 그런데 "두려워하던 것이 오고야 말았구나" 하며 하나님을 완전히 신뢰하지 못하는 마음이 엿보이듯 불안이 그의 마음 깊은 곳에 늘 있었습니다. 그리하여 더 잃을 것도 없는 바닥에서 어느 것 하나 하나님의 은혜가 아닌 것이 없음을 깊이 깨닫고 그분을 신뢰하니 하나님의 마음을 소유한 그분의 은밀한 신부로 거듭나게 됩니다.

"나는 최선을 다해 살아왔는데, 세월이 가도 말씀대로 충성한다고 하는데 달라지는 게 없이 왜 이 지경인 거야." 욥이 지나간 밤을 지나가는 이들이 있다면 부탁드리고 싶습니다. 예레미야 2장 13절 말씀대로 "생수의 근원 되는 나(하나님)를 버린 것과 스스로 웅덩이를 판 것인데 그것은 그 물을 가두지 못할 터진 웅덩이"의 상태에 놓여 있는 것입니다. 자기 의라는 스스로 파는 웅덩이는 우리의 영혼을 파괴하는 바이러스입니다. 선악과는 먹으면 정녕 죽습니다. 영혼을 갉아먹는 자기 의라는 선악과의 거짓말을 이제 그만 먹어야 합니다.

"그러나 언제든지 주께로 돌아가면 그 수건이 벗겨지리라 주는 영이시니 주의 영이 계신 곳에는 자유가 있느니라"(고후 3:16-17).

욥이 티끌 가운데 회개하고 하나님을 의뢰하는 모습을 의로 여기고 돌이켜 세워 주신 것같이 예수님이 다시 피곤한 우리의 마음을 어루만져 생명을 부어 주시도록 그분께 두 손 들고 나아갑시다. 우리를 여기까지 인도하신 에벤에셀의 하나님이십니다. 언제든지 어떤 형편이든지 주님께로 돌아가 그분의 마음이 우리를 다스리시면 조여 오는 모든 괴로운 중압감에서 자유하게 될 것입니다. 겸비하는 영혼을 회복시키시는 은혜를 물 붓듯 부어 주소서. 샬롬.

22

영혼의 바이러스

탐욕과 비교 심리

|

"욕심이 잉태한즉 죄를 낳고 죄가 장성한즉 사망을 낳느니라"(약 1:15).

우리에게 뿌리 박혀 있는 비교 심리는 영혼을 죽이는 바이러스입니다. 세상을 바라보는 식으로 남과 나의 환경을 눈에 보이는 대로 바라보면, 그다음은 곧장 지옥의 불구덩이로 곤두박질치게 됩니다. 나는 너무 오랜 세월 동안 나도 모르게 그 비교 심리로 인해 힘든 나날로 시간을 낭비한 적이 있었습니다. 성공한 것으로 보이는 친구를 시샘하였고, 나 자신을 최대 비극의 주인공으로 만들고 힘겨워 고통에 시달렸습니다. 회개를 한도 없이 해가며 돼지가 토한 것을 먹듯 시기의 죄와 회개의 눈물 가운데 질퍽거렸는지 모릅니다.

그러나 하나님은 공평하신 하나님이십니다. 모든 사람에게 나누어 주신 것이 다릅니다. 요즘의 교회 크기를 성공 목회로 여기는 사업식 사역관에 의하면 누가 봐도 자연 환경은 확실히 나보다 비교할 수 없이 월등했습니다. 그러나 따스한 인정이 흐르고 누구나 부러워할 풍요한 곳에 처한 나의 환경이 결코 누구보다 떨어진 열악한 상태는 아니었습니다. 평생을 작은 개척교회라는 안전장치를 해 놓으셨기에 조금만 무언가를 이루어도 우쭐대려는 교만의 싹을 싹둑 잘라내 정리하셨습니다. 오히려 자유분방하게 성령님이 이끄시는 대로 45여 년을 말씀 사역에 올인하며 다양한 하나님의 일에 접하게 사역의 영역을 넓히시고 그분과 은밀히 가까워지는 영광에 이르게 끌어 주셨습니다.

그런데도 시시때때로 비교 심리와 자기 연민에 빠지면 헤어나오지 못하고, 내가 하도 못나 사람들에게 치여 감당을 못할 때가 많았습니다. 그때마다 하나님은 자연을 사랑하는 나를 아시고 숨통을 틔워 주시려고 집 주위에 호숫가나 흙을 만져 볼 수 있는 작은 야채 텃밭을 허락하시고, 눈물이 날 정도로 주님을 사랑하고 눈에 보이지 않아도 변함없이 충성하는 남편과 세 아이들을 곁에 있게 하셨습니다. 내가 감당할 분량을 아시어 배려해 주신 아름다운 나의 분복입니다.

우리는 곯고 있는 남의 속사정도 모르고 겉만 보고 너무 쉽게 남을 부러워합니다. 부럽게 보이는 그 자리에서 하루만 살아 보면 당장 보따리를 싸서 내 형편이 제일 낫다 할 텐데 말입니다. 우리 모두 각자가 지고 가는 짐도, 누리는 복도 다 다릅니다. 그것이 각자에게

맞춤의 복으로 나눠 주신 하나님의 최선의 뜻입니다.

그렇다면 비교 의식이 어느 곳에서 왔을까요? 우리 주님과는 하등 관계없는 자기중심의 자의식에서 온 것이지요. 비뚤어진 자기 욕심 사랑 때문입니다. 결국 물질의 소유에서나 외적인 모습, 지위 등에서 자신이 최고이고 싶은 탐심에 의해 비교 심리가 나오는 것입니다. 눈에 비추는 것으로 남을 부러워하거나 정죄하거나 판단하는 것으로 인해 자신도 모르게 잘못 디디고 있는 자기 연민을 뽑아 던져야합니다. 자기 연민이 비화되면, 혼자 깨끗한 것처럼 부추기는 자기 의라는 영적 교만의 유혹을 이기지 못하게 됩니다. 유혹에 약한 인간인지라 너무도 쉽게 자기를 합리화하여 무너집니다.

있는 모습 그대로, 상대방 형편 그대로 주님 앞에서 서로를 받아들이는 것이 그분의 사랑이라면 그렇게 사랑하자고 마음을 다잡아 봅니다. 사실은 잘 안다고 여기는 아무리 가까운 이라도 그를 전부 이해하기엔 알 수 없는 부분들이 참으로 많습니다. 모르는 것은 그대로 두고 주께서 서로에게 알려진 부분들만 놓고 깊이 그 중심을 보며 다만 사랑을 부을 따름입니다. 분명한 것은 주님을 진심으로 사랑하고 따르려는 순전한 믿음만이 같은 한 색깔, 한 마음이라면 그저 어디선가 오늘도 주님을 열심히 섬기고 있을 모습을 그려 보며 비교하는 마음을 조용히 접고 든든한 위로로 마음을 바꿉니다.

변함없이 주님과 함께 있을 사람으로 바라보고 신뢰를 가지니 친구와 어느새 따뜻한 한가슴이 됩니다. 그리하니 다시 모든 것들이 감사하게 보이기 시작합니다. 순전하게 감사하는 마음을 가진 채, 비교하는 열등감, 이에 지지 않으려는 방어책, 자기 의, 억지로 들고 나오는 우월감 등 모든 유혹의 생각들을 아낌없이 십자가 위에 올려 놓고 태워 버립니다.

이 세상에 사랑받지 않아도 되는 사람은 아무도 없습니다. 형편이 가난한 사람이든 부자이든 다 나름대로 아픈 구석이 있고 따뜻이 손 내밀어 주는 사랑이 필요합니다. 요는 다들 그 사랑이 받고 싶어 목이 마르지만, 자신이 목마른 만큼이라도 먼저 사랑을 하는 이가 없으니 이 세상이 이리도 춥고 시린 것입니다. 내어 주는 사랑이 있는 자가 진정 하늘에 속한 사람입니다. 나는 그렇게만 살고 싶습니다.

주님이시여! 오늘도 끊임없이 부추기며 달려드는 죄성을 아낌없이 주님의 발 위에 던집니다. 남은 삶은 그저 따뜻한 마음 나눠 주다 영원한 아버지 하나님 곁으로 가려 합니다. 그리 되도록 성령님이 나를 전폭적으로 사로잡으소서. 오직 주님의 마음만을 덧입기 원합니다. 나를 받으시고 다스리소서! 주님의 사랑만이 나를 이끌고 가길 사모합니다. 아멘.

23

영혼의 바이러스
가인의 시기

"…여호와께서 아벨과 그의 제물은 받으셨으나 가인과 그의 제물은 받지
아니하신지라…"(창 4:4–5).

가인은 자신의 제물을 받지 않으신 하나님의 거절감에 분노하고,
자기 기분을 건드린 동생 아벨을 쳐 죽이기까지 앙심을 품은 사람입
니다. 자신이 드린 제물이 거절되니 심히 분하여 안색이 변하고 혈
기 충천합니다. 이에 곧 하나님께서 "네가 분하여 함은 어찌 됨이며
안색이 변함은 어찌 됨이냐" 하고 이성을 잃은 가인의 상태를 지적
하시며, 분하여 안색이 변해 낯을 들지 못하는 것은 선을 행하지 않
았기 때문이라고 경고하십니다. 제물을 받는 이를 기쁘게 하는 것이
제사의 근본정신입니다. 그런데 가인은 생명을 주시고 게다가 맘껏
농산물을 키울 수 있도록 환경과 능력을 주신 하나님은 안중에 없고
자신의 제물이 거절된 것과 하나님이 동생의 제물은 받으셨다는 것

에만 마음이 편중되어 있습니다.

어쩌면 가인은 부모가 오냐 오냐 하면서 싫은 소리 한 번 안 하고 키운 자식이었는지 모릅니다. 그래서 조금만 심기를 건드리면 참지 못합니다. 자신의 비위가 거스르는 것을 감당하지 못하는 중증 왕자병입니다. 그런 그에게 하나님도 예외가 아닙니다.

극도의 자기 영광을 구할 때는 너나 할 것 없이 자기중심적인 가인의 마음처럼 혈기 문제에 빠지게 됩니다. 내 기준에 거슬리면 심기가 불편해지고 화가 납니다. 눈에 거슬리면 화를 내는 것이 습관이 되면 걷잡을 수 없는 폭력의 사람이 됩니다. 습관을 들이는 대로 내 성격이 됩니다. 화 내는 습관이 성격으로 굳어지면 걸어 다니는 시한폭탄이 됩니다. 설사 주위 사람들이 최대한 비위를 맞춘다 해도 기분에 따라 꼬투리 잡으려 드는 한 어느 누구도 도와주지 못합니다. 무조건 제 맘대로 되어야 하는 독불장군을 만족시킬 수 있는 자는 아무도 없습니다. 집안의 폭군으로 자라 속수무책의 민폐가 된 가인을 사람 만들어 보시려는 하나님은 깊은 배려로 그의 자랑인 제물을 받지 않으셨을 것입니다. 계속해서 골내고 삐진 가인에게 애처로울 정도로 하나님은 계속해서 말을 거십니다. 하나님의 말씀을 마음으로 들으면 영혼이 구원받기 때문입니다.

"죄가 너를 삼키려고 호랑이가 먹이를 채려고 노리듯 하니 죄의 소원을 다스리라"는 하나님의 경고 따위가 들리지 않습니다. 기어코 질투에 불이 당겨진 복수심에 눈이 멀어 애꿎은 동생을 죽여 땅에 묻어 버리곤 거짓 승리감에 도취합니다. 아벨을 찾으시는 하나님께 뻔뻔스레 얼굴 하나 변하지 않고 "내가 동생 돌보는 자입니까?"라고 빈정거리며 퉁명스레 거짓을 말합니다. 하나님을 동네 아저씨만도 못한 존재로 취급합니다. "네 아우의 핏소리가 땅에서부터 호소한다"고 말씀하시는데 죄에 대한 회개의 모습은 눈곱만큼도 없는 참 얼굴이 두꺼운 인간입니다. 자기만 소중한 인간이라 제 목숨만 살려 달라고 애걸합니다.

가인은 하나님께서 구원 '표'를 주셔도 믿지 못하고 에덴의 동쪽으로 쫓겨나 혹시라도 누가 죽일까 봐 성을 쌓습니다. 계속 마음 아프게 악한 선택을 하는데 하나님은 계속해서 못난 그의 영혼을 구해 주시고자 말을 거시며 자비의 손길을 보내십니다. 아들도 낳고 가정을 꾸려 가도록 허락하시며 회개의 기회를 주십니다. 그러나 죽기 전에라도 회개했다는 기록이 전혀 없습니다. 평생 가인은 다른 사람들이 자기를 죽일까 봐 성안에서 떨며 하나님이 수없이 구해 주시려는 손길을 외면하고 종래는 지옥에 떨어져 여전히 공포 속에 있을 것입니다. 분노와 탐욕은 동전의 양면과도 같습니다. 과연 교만은 멸망의 선봉입니다.

사랑하는 주님! 당신은 순종을 제사보다 더 귀히 여기시는 분임을 생각합니다. 마르다처럼, 가인처럼 사역에 올인했지만 작은 교회라고 무시당할 때, 때로 돌아오는 열매가 눈에 차지 않는다고 섭섭하여 화를 냈습니다. 헌신할수록 주님께 원망이 커진다면 나의 수고는 누구를 위한 것이었단 말입니까? 제 안에 가인의 모습이 있음을 봅니다. 설익은 벼가 자신뿐만 아니라 주위의 사랑하는 모두를 찔렀습니다. 삐진 큰 아들이 제 모습입니다. 잃어버린 동생, 탕자가 돌아오기를 간절히 기다리시는 아버지의 애타는 마음을 생각합니다. 사실 거절당한 것은 가인이 아니라 하나님 아버지이시지요. 내 맘대로 인생의 그림이 그려지지 않는다고 반항했던 모든 속고 산 세월을 회개하며 돌아섭니다.

　하나님 아버지, 세상 속에 상한 자존심 때문에 생명을 잃어버린 동생들을 함께 찾아 돌보는 마음을 허락하여 주옵소서. 아멘.

24

영혼의 바이러스
라멕의 교만

"라멕이 아내들에게 이르되 아다와 씰라여 내 목소리를 들으라 라멕의 아내들이여
내 말을 들으라 나의 상처로 말미암아 내가 사람을 죽였고 나의 상함으로 말미암아
소년을 죽였도다 가인을 위하여는 벌이 칠 배일진대 라멕을 위하여는 벌이
칠십칠 배이리로다 하였더라"(창 4:23-24).

창세기 4장에 나오는 라멕은 가인의 후예입니다. 라멕은 자기에
게 상처 주는 자를 죽이고 자존심을 건드리면 비록 애들이라도 죽였
노라고 자랑하며 노래를 만들어 아내들에게 들려줍니다. 하나님께
경외심이 없는 가인의 후예가 5대째 내려와 라멕이 살인을 밥 먹듯
합니다. 그런데 하늘에선 아무 일이 없습니다. 라멕은 자신 있게 외
칩니다. "가인의 살인에 대한 벌이 7배라면, 내게는 벌이 77배쯤 되
겠는데, 대체 그 벌이 어디 있는가? 과연 하나님이 있기나 한 것인
가? 주먹이 왕이다. 살인자 가인 할아버지의 77배나 사람을 죽여도
대적할 이 아무도 없는 나를 그 누가 당할쏘냐?" 술상을 근사하게
차려놓고 자기가 가진 힘에 도취되어 자랑 삼아 떠드는 모습이 눈앞

에 선합니다. 겨우 5대째인데 목축업과 쾌락을 위한 악기 등과 심지어 동과 철로 된 날카로운 기구들이 등장하여 문명도 급속히 발달한 것을 보면 하나님을 떠나 에덴을 나온 가인의 자손들이 자신을 위해 엄청나게 개발해 온 것을 볼 수 있습니다.

그는 "죄를 밥 먹듯 지어도 이렇게 멀쩡하니 하나님이 있기나 한 거야?"라고 하나님을 조롱합니다. 그러나 과연 그들이 과신하는 것처럼 하나님은 세상 다스림을 포기하신 것인가요? 언제 어디서 힘센 놈이 나타나 자리를 빼앗을지 불안해 초비상 전시 상태입니다. 사나운 맹수의 수컷과 그 그늘 아래 쥐 죽은 듯 숨소리도 못 내고 사는 암컷의 살벌한 생존 경쟁의 환경입니다. 24시간 초긴장 상태로 죽고 죽이는 주먹이 지배하는 사회이기에 잔악무도할수록 강한 리더가 됩니다. 약육강식이 난무하는 상태로 인간의 질이 떨어졌습니다. 하나님을 떠나면 간섭을 안 받아 좋을 것 같아도 결국 생존을 위해 실력 대결의 세상에서 어쩔 수 없이 자기 방어로 죽고 죽임당하는 아비규환입니다.

과연 라멕이 생각하고 말한 대로 하나님의 벌이 임하지 않았을까요? 그가 살았던 라이프 스타일을 살펴보겠습니다. 앞에서 말했듯이 라멕은 누구든 비위를 거스르면 어른이고 아이이고 마구마구 사람을 죽이며 그걸 자랑삼아 노래를 불러대는 극악무도한 전문 살인자입니다. 그에게서 인간미라고는 눈 씻고 찾아봐도 없습니다. 여자들은 힘센 남자들을 위한 노리개, 노비의 수준이어서 찍 소리도 못하고 인격도 없고, 의견도 없어 보입니다. 그저 사나운 남편의 처분이 무서워 떠는 맹종이 있을 뿐입니다. 남편의 말 같지 않은 말이 곧 법입니다. 죄에 대한 감각도 무뎌지고 오히려 죄를 많이 질수록 힘이 센 남편으로 보이는 힘이 좌우하는 혼동된 사회이니 저들에게서 무슨 하나님이 주신 양심의 소리가 일을 하겠습니까? 그러나 저들이 자랑한 번영이 진정한 번영이며 행복이라고 말할 수 있을까요?

죄의 값은 사망입니다. 우리에게서 하나님의 성품이 사라지고 동물적인 근성과 마귀의 성품이 대치된다면 그것이 인간입니까? 육신의 호흡을 하며 살아 있다고는 하나 하나님의 성품이 떠난 자는 살았어도 죽은 자입니다. 최악의 벌은 상실한 마음에서 하고픈 대로 하도록 내버려두는 것입니다. 인간성을 상실한 마음은 죄악의 공장입니다(롬 1:18-32). 죄는 짓는 자에게 그대로 돌아오는, 심은 대로 거두시는 하나님의 다스림의 원칙이 적용됩니다. 하나님으로부터 멀어질수록 마귀에게 가까워집니다. 비위가 상한다고 마구잡이로 죽이는 살인마 라멕의 모습이 바로 하나님께 최악의 벌을 받은 줄도 모르고 교만을 떠는 인간 말종의 상태입니다. 하나님 없는 마음은 지옥입니다.

오직 생명 되신 하나님과 가까이하여야 하나님의 성품을 회복하여 따뜻한 인간미 넘치는 사람이 됩니다. 하늘 복의 통로가 됩니다. 걸어 다니는 복덩이가 됩니다. 하나님의 사랑으로 넘치는 삶 속에서 나도 살고 너도 살게 되는 복을 누리게 됩니다.

쉬지 않고 범죄하는 쓰레기 같은 영혼일지라도 온갖 욕심에서 돌아서면 쉼을 주시는 주님! 죄의 소원들이 노도(怒濤)같이 올라와도 주님의 십자가 앞에 와서는 다 산산이 부서집니다. 십자가를 사랑합니다. "십자가! 십자가 내가 바라볼 때에 내 마음의 고통 사라져…." 나의 모든 죄를 씻어 주시는 주님의 피를 감사합니다. 모든 부질없는 분주한 세상의 마음들을 내려놓고 감사의 기도를 드립니다.

25

영혼의 바이러스
노아의 방심

|

"그런즉 선 줄로 생각하는 자는 넘어질까 조심하라"(고전 10:12).

인간의 악함이 최악이 되었을 때 하나님은 노아로 하여금 방주를 짓게 하시고 홍수의 심판으로 정리하신 후에 노아의 자손들로 다시 인간 세상을 시작하십니다. 하나님이 명하신 방주를 짓느라 온갖 비난과 고생을 감수하며 방주를 짓던 100여 년의 훈련과 그 무시무시한 홍수에서 달랑 살아남은 8명의 노아 자손들. 그들은 일 년간이나 냄새나는 방주에서 이제나 저제나 맑은 공기 마시고 방주 밖을 나오길 고대했습니다. 일 년 후 방주에서 나온 그들은 얼마나 감격스러웠을까요? 방주에서 나와 바로 여호와께 단을 쌓고 경성(警省)하던 그들입니다. 방주에 들어갈 때는 여덟 식구였으니 손자들이 없었다는 이야기입니다. 얼마만큼 시간이 흘러갔는지는 몰라도 손자들도 생기고 가족이 불어납니다. 노아를 당대의 의인이라 칭합니다. 워낙 죄로 썩은 정도가 심하였기에 저들에 비하면 그래도 덜 썩었다는 말이지 노아의 상태가 어느 정도로 거룩한 모습이었는지는 잘 모릅니다.

인간은 어쩔 수 없는 죄인인가? 이제 모든 핍박도 고통도 다 지나 살 만해지니 그 거룩한 가족 안에서 홍수 이전 사람들에게 만연하던 죄들이 스멀스멀 올라옵니다. 그 시대에 만연한 죄의 실상에 겉으로 는 구별된 삶으로 보였으나 실제로는 물들은 부분들이 구원받은 가 족들이니 마치 죄의 허가서라도 받은 듯 눌려 있던 죄성들이 기회를 타고 드러납니다. 방주 짓기에 올인하느라 자신을 즐겁게 하는 일은 전혀 눈 돌릴 새가 없던 노아 가족입니다. 그러나 더 이상 방주 짓고 마음 동일 일이 없어지고 주어진 새 삶을 누릴 일만이 남은 상황에 서 자신들을 즐겁게 하는 일에 눈을 돌리게 됩니다. 농업을 시작하 며 포도나무를 심었습니다.

급기야 노아는 포도주를 마시고 취하여 장막에서 벌거벗고 온몸 을 드러내는 추태를 보입니다. 노아가 누구입니까? 죄에 만연한 세 상을 쓸어버리고 새롭게 세워진 거룩한 하나님 나라의 주역입니다. 이제 살 만하니 홍수로 쓸어버린 죄인들의 모습을 재연하는 노아 가 족입니다. 사실상 모든 족속의 대표 리더인 그의 권위가 땅에 실추 할 위기를 맞았습니다. 아버지의 실수를 고소해하며 "목에 힘주고 우리에게 일만 시키던 아버지가 술 취해 벌거벗었다"라고 우스갯거 리로 만드는 가나안의 아버지 함과 이를 듣고 뒷걸음질쳐 들어가 아버지의 죄를 가려주고 축복받는 셈과 야벳, 그리고 아비의 죄와 더불어 다른 형제들의 종이 되는 저주를 배부르도록 받은 가나안을 보십시오.

방심은 언제나 금물입니다. 새로 출발한 노아의 자손이 홍수 이전의 모습을 재연하는 것을 보며 옷깃이 절로 여며집니다. 사명에 온 가족이 올인할 땐 보이지 않았지만 사명을 완수하고 가족들의 형편이 풀리니 여러 가지 세상 죄에 마치 허가서라도 받은 듯 담대해지는 모습입니다. "섰다 하면 넘어질까 주의하라"는 말씀을 꼭 부여잡기 바랍니다.

26

영혼의 바이러스

바벨탑의 교만한 망상

"여호와께서 사람의 죄악이 세상에 가득함과 그의 마음으로 생각하는 모든 계획이
항상 악할 뿐임을 보시고 땅 위에 사람 지으셨음을 한탄하사 마음에 근심하시고"

(창 6:5-6)

하나님의 뜻은 사람들이 흩어져서 생육, 번성, 충만하여 땅을 정
복하고 다스리는 만물을 돌보는 자들이 되는 것입니다. 그러나 인간
이 뭉쳐서 한곳에 있게 되면 약육강식 사회에서 살아남기 위한 경쟁
으로 인해 인간 속의 하나님의 형상이 망가지고 악화됩니다.

노아 자손들이 넓은 시날 평지에까지 나오니 천국과 같은 기분이
들었을까요? 돌과 흙으로 집을 짓는 기술에서 벽돌을 굽고 역청을
흙 대신 사용할 만큼 문명이 발달하니 점점 하나님의 소중함이 잊혀
지고 자신의 이름을 높이며 힘을 숭상하는 홍수 이전의 세상 풍조가
잡초같이 번성합니다. 그들이 자기 이름을 내고 힘을 뭉치는 방법으
로 바벨탑을 쌓게 됩니다. 왜 흩어지는 것을 면하고자 했겠습니까?

뭉쳐서 숫자가 커짐을 힘의 증거로 여기며 강자가 약자 위에 군림하여 큰 왕국을 건설해 자신의 힘을 과시하겠다는 것이지요.

불안한 생존 문제가 해결되니 자신들이 하나님 없이 잘 해냈다는 교만이 생기고 급기야 하나님이 되겠다는 무신론자의 노래라고 볼 수 있습니다. 오죽 자기 자신을 드러내고 싶었으면 자기들이 만든 벽돌에 일일이 그 만든 이의 이름을 새겨 넣었겠습니까. 악의 세력이 뭉치면 파괴력이 대단합니다. 그런데 연합의 이유가 각자의 수지타산을 목적으로 하는 탐심이기에 결코 오래 가지 못합니다. 이기주의의 선악과 잣대 때문에 어제의 친구가 오늘의 원수가 되는 것이 사람의 마음입니다.

그대로 두었다간 탐욕스러운 인간들이 권력 다툼으로 서로 물고 뜯다 종국에는 자멸하는 비극이 일어날 것이기에 하나님은 미리 손을 쓰십니다. 어차피 인간은 아무리 구해 주어도 죄악이 넘쳐 포악해지는 죄의 리사이클로 말세를 맞이할 것입니다. 그러나 적어도 그 속도를 늦추어 메시아가 오시어 인류의 구원을 터 주시려는 하나님의 장구한 인류 구원 계획을 실행하는 걸음으로 그들의 언어가 혼동되었습니다. 그리고 하나님은 악의 연합을 막으시려 사방으로 사람들을 흩어 놓으셨습니다. 수많은 히틀러가 한꺼번에 쏟아져 나와 인류를 고통으로 몰아넣고 단시일에 자멸하는 속도를 늦추어 보시려는 하나님의 아픈 사랑의 처방입니다.

관계 속에 불협화음이 나면 자신의 잣대를 일단 내려놓고 하나님의 마음으로 한 걸음 물러서서 문제를 큰 그림으로 직시하며 주님의 뜻을 분별하여 따라감이 모두가 사는 길입니다. 허물을 끄집어내는 한 해결은 없습니다. 화평을 이루는 데 다리 거는 모든 걸림돌들이 바벨탑입니다. 자신의 모난 생각에 붙들려 화평을 깨는 자가 되는 것은 한 순간입니다.

우리 안에 하나님보다 높아진 나의 바벨탑은 무엇일까요? 나만을 소중히 여기는 바벨탑의 성향을 분별해 내는 말씀을 밝히 조명해 주시길 성령님께 간절히 구하며 멈추어 서서 기도합니다. 성령님께서 생각나게 해주시는 바벨탑의 벽돌들을 하나하나 헐어 버리며 '나는 무엇을 구하며 사는가?'를 묻고 다시 마음을 돌아봅니다.

chapter 5

영혼을 살리는
하나님의 마음

오직 여호와를 앙망하는 자는 새 힘을 얻으리니
독수리가 날개치며 올라감 같을 것이요
달음박질하여도 곤비하지 아니하겠고
걸어가도 피곤하지 아니하리로다

(사 40:31)

27

하나님의 사람에게
영 분별은 필수

"범사에 헤아려 좋은 것을 취하고 악은 모든 모양이라도 버리라"(살전 5:21-22).

하나님께 오는 것은 우리를 하나님을 닮는 자가 되게 하시려고 세워 주시는 사랑의 손길입니다. 그러므로 결코 하나님의 성품이나 하나님의 말씀에서 벗어나지 않습니다. 하나님의 사랑의 가르침, 꾸중, 권면, 격려의 말씀으로 회개하도록 마음을 움직이시고 '나는 죽고 그리스도만'이라는 고백이 나오도록 이끕니다. 하나님은 육의 옛 사람은 벗게 하시고, 나아가 영의 새 사람으로 살도록 인도하십니다. 환경을 바꾸는 것이 아니라 우리를 하나님을 닮은 사람으로 바꾸십니다. 주위 환경과 말씀 등을 총동원하여 하나님의 자녀로 온전하게 세워 주시어 종래는 사랑이 넘치는 사람으로 바꾸어 복된 자로 풍성한 삶을 누리게 해 주십니다. 나쁜 버릇일수록 쉽게 바뀌지를 않아 바뀌는 그 과정은

쓰고 힘겨워서 때때로 하나님의 사랑이 의심이 가기도 합니다.

반면에 마귀가 주는 생각은 귀가 솔깃해지고 그럴 듯하여 자기 것으로 하고 싶은 욕심이 생깁니다. 비판하는 마음과 배타심이 생기고, 다툼을 일으키고, 당을 짓고, 이로써 무리가 나뉘게 되면 아무리 좋아 보여도 이는 마귀의 역사입니다. 마귀는 허는 자, 파괴하는 자임을 기억해야 합니다. 제아무리 많은 은사에 능력이 따라 와도, 그곳에 생명을 살려 주는 참 회개, 하나님께 돌아오는 역사가 따라 와야 합니다. 질투, 각종 무성한 죄로 무리가 나뉘고, 썩는 냄새가 나면, 이 또한 마귀의 역사입니다. '러브 오브 파워'(Love of Power, 선악과, 즉 능력, 성공, 자기 숭배, 자기 소원, 사랑에의 집착)는 마귀로부터 나오고, '파워 오브 러브'(Power of Love, 생명과, 즉 사랑으로 역사하는 능력)는 하나님으로부터 옵니다. 정신 차리지 않으면 자기도 모르는 가운데 겉모습만 보고 적군과 아군을 혼동해 마귀의 앞잡이가 될 수도 있습니다.

사도 바울이 "범사에 헤아려 좋은 것을 취하고 악은 모든 모양이라도 버리라"(살전 5:21-22)고 권면하듯이 조금 똑똑해져서 마귀의 속임수인지 알아차릴 필요가 있습니다. 마귀는 속이는 허깨비, 종이호랑이에 불과합니다. 마귀는 겁낼 만한 능력의 대상이 절대 아닙니다. 다만 우리가 무지하여 막연히 겁내고 속아 넘어감으로써 우리 스스로 마귀가 활개 치도록 발판을 마련해 주고 있는 것입니다.

우리가 빛 가운데 거하고 행하면, 마귀는 감히 우리를 건드리지 못합니다. 지금까지 속은 것으로 충분합니다. 무지하다는 것은 결코 겸손의 의미가 아니고, 자랑거리도 아닙니다. "오직 각 사람이 시험을 받는 것은 자기 욕심에 끌려 미혹됨이니 욕심이 잉태한즉 죄를 낳고 죄가 장성한즉 사망을 낳느니라"(약 1:14-15). 마귀는 끊임없이 우리를 유혹합니다. 유혹한다 해서 따라갈 필요가 없습니다. 우리에게 자유의지를 주셨습니다. 우리를 향하신 하나님의 뜻이 최선임을 믿고, 그의 말씀을 순종하여 약속하신 모든 것을 받아 누리든지, 먹음직, 보암직, 지혜롭게 할 만큼 탐스러운 마귀의 술수를 믿어 파멸에 이르든지 우리의 자유 선택에 달려 있습니다.

하나님이 "선을 간절히 구하는 자는 은총을 얻으려니와 악을 더듬어 찾는 자에게는 악이 임하리라"(잠 11:27)고 하십니다. 어느 쪽을 택하겠습니까? 유혹에 손을 들어주곤 마귀에게 책임전가해도 궁극적 책임은 우리에게 있고 그 결과의 고통도 바로 우리 자신이 받게 된다는 사실을 기억하십시오. "모든 지킬 만한 것 중에 더욱 네 마음을 지키라 생명의 근원이 이에서 남이니라"(잠 4:23)고 권면하십니다.

"그런즉 너희는 하나님께 복종할지어다 마귀를 대적하라 그리하면 너희를 피하리라"(약 4:7).

하나님의 자녀에게 주신 특권이 무엇인지 확실히 알고, 믿음으로 순종하는 삶을 누리며, 마귀의 속임수를 잘 분별하여 대적해야겠습니다. 오직 주님의 음성만을 정확히 분별해 귀담아 듣고 어두워진 세상을 환히 밝히는 하나님 나라의 유익한 종이 되기를 소망합니다.

28

영혼의 바이러스
퇴치 프로그램

"이는 그리스도 예수 안에 있는 생명의 성령의 법이 죄와 사망의 법에서
너를 해방하였음이라"(롬 8:2).

작동하는 컴퓨터에 회로를 방해하는 바이러스가 침범하면 바이러스의 강약에 따라 본래의 작동 기능에 많은 장애를 받거나 심하면 프로그램은 그대로 있는데도 불구하고 컴퓨터를 전혀 사용할 수 없는 불상사를 경험해 보았을 것입니다. 컴퓨터 바이러스는 정말 위험하고 괴로운 존재입니다.

마찬가지로 영혼을 죽이려 침범하는 영혼의 바이러스들이 우리의 마음 주위에 진을 치고 있다가 뚫고 들어와 하나님의 마음이 우리 마음 안에서 작동하는 것을 필사적으로 방해하며 호시탐탐 마음속에 땅굴을 파 댑니다. 자존감을 뒤흔드는 가장 큰 영혼의 바이러스는 자신의 부족이 드러날까 두려워하는 자존심입니다. 죄의식, 좌

절감, 열등감 등으로 불안하게 흔들어 염려하고 불만스러워진 마음을 오히려 원망하고 합리화시켜 과격한 폭력과 화로 대처하여 혈기에 붙잡힌 사람이 되기도 합니다.

이스라엘의 일대 왕 사울에게서 그 예를 살펴봅니다. 베냐민 지파인 사울이 왕으로 뽑혔을 때 자신감도 자존감도 별로 없던 소인이 왕이 되어 권력의 맛에 중독이 됩니다. 사울 왕 최고라는 칭송에 목이 마릅니다. 블레셋과의 전쟁에서 소년 다윗이 골리앗을 죽이고 대승하니 백성들이 사울에게는 천천을, 다윗에게는 만만을 돌리고 열광할 때는 마음이 홱 돌아버립니다. 사울의 마음은 왕 자리에 대한 집착, 잃을 것에 대한 두려움, 염려, 불타는 시기심, 분노, 불안감으로 가득하여 요동치니 지옥이 따로 없습니다. 독한 창질 같은 시기심이 부추기는 대로 저지르는 일마다 결국은 미워하는 다윗에게 좋은 일이 되니 사울은 정말 미치고 환장합니다. 눈엣가시인 다윗을 제거하는 것이 사울의 삶의 목표가 되어 백성을 다스리는 왕의 본분은 뒷전이고 다윗 사냥에 몰입합니다. 자신의 본분을 망각해 사무엘에게도 버림받고 홀로 왕위를 지키려 고전분투하던 광란의 추격자 사울과 도망자 다윗의 숨바꼭질도 결국 블레셋과의 전쟁에서 사울 일가의 비극적인 죽음으로 끝이 납니다. 어디 사울뿐인가요. 우리 모두 내면에 내재하는 사울이 있기에 마음이 몹시 씁쓸합니다. 어디에서건 앞장선 지도자가 사울같이 파워 중독이면 그 밑에 있는 이들의 삶이 고달프고 불쌍하기 짝이 없습니다.

내 영혼을 잠식해 오는 모든 바이러스들이 더 커져 마음의 시스템이 점점 다운되고 내 안의 인간다움을 잃기 전에 정신 차려 경각심을 가지고 쳐내야 합니다. 십자가의 피는 내 영혼을 죽이는 모든 바이러스들을 완전히 청소하고 하나님의 형상을 회복시켜 원활하게 작동하게 하는 완전 바이러스 퇴치제입니다. 바이러스를 제거한 후에 하나님의 형상 프로그램이 제대로 작동하도록 깔아야 하는 안티 바이러스와 같은 마음의 프로그램은 하나님의 말씀입니다.

"이는 그리스도 예수 안에 있는 생명의 성령의 법이 죄와 사망의 법에서 너를 해방하였음이라"(롬 8:2).

성령님이 생각나게 하시고 풀어 주시는 말씀을 그대로 삶 속에 뿌리 내려 체질화가 일어나면, 점차 하나님의 성품이 온전히 내 마음의 시스템을 다스려 나로 인해 주위가 점차 천국화 되며 땅끝까지 살아 있는 말씀이 역사하는 것을 경험하는 증인으로 살 것입니다. 뜻이 하늘에서 이루어진 것같이 땅에서도 이루어지리다. 아멘.

29

하나님의 때인 카이로스는
신뢰로만 열리는 관계의 시간

"수고하고 무거운 짐 진 자들아 다 내게로 오라 내가 너희를 쉬게 하리라"(마 11:28).

CCC 활동 시절에 김준곤 목사님으로부터 하나님께 쓰는 편지로 시작하여 큐티하는 것을 배웠습니다. 이어서 ≪생명의 삶≫을 길동 무 삼아 큐티를 통해 하나님과 관계를 다져오며 큐티 전도사로 올인 한 세월이 어느덧 45년이 훌쩍 넘었습니다. 몰려오는 깊은 허무 가운데 자살 직전까지 간 무신론자가 하나님을 믿겠다고 손들고 구원을 받았습니다. 그런데 사고방식이나 라이프 스타일이 하나님의 사람답게 순식간에 달라진 것은 아닙니다. 젖어 있는 허무주의와 인간 중심의 사고들이 큐티를 하며 체험하고 알아가는 하나님의 말씀이 현실 속에서 더욱 많은 갈등을 불러일으켜 깊은 회의와 혼동의 늪에서 허우적댈 때가 많았습니다.

은혜받는 말씀 그대로 살아보려 철저히 복종하는 삶을 선택할수록 현실에서 부딪히는 고통스러운 갈등이 심화되어 하나님을 떠남이 당연한 듯 보였습니다. 그런데 반대로 혼자는 도무지 감당 못할 문제들의 한계 가운데서 하나님의 여러 성품들을 몸으로 체험하고 하나님께로 오히려 가까이 가는 놀라운 기회가 되었습니다. "이제 내 인생은 정말 끝이다"라는 극한의 두려움에서 "수고하고 짐진 자들아, 다 내게로 오라"는 예수님의 말씀을 지푸라기라도 잡는 심정으로 죽을 힘을 다해 잡고 예수님께 엎드렸을 때마다 설명할 수 없는 평안이 마음에 스며들면서 위기와 기적이 이어졌습니다. 위기 가운데 구원자 하나님, 영생을 주시는 하나님, 평안의 하나님, 함께하시는 하나님, 나를 사랑하시는 하나님, 주께만 돌아서면 만져 주시고 안아 주시는 하나님을 만났습니다.

하나님의 사랑에 울고 또 울었습니다. 감격으로 찬양드리고 막연한 하나님이 진짜 살아 계신 하나님이심을 체험하며 서서히 불신자의 사고방식이 변화를 받아 하나님의 선하시고, 기뻐하시고, 온전하신 뜻을 이해하게 되었습니다. 저의 사고구조가 변화되고 하나님과 24시간 동행을 누리는 코람데오(하나님 앞에서) 영광의 삶으로 조금씩 옮아가게 되었습니다.

큐티 전도사를 하며 늘 안타까운 것이 있습니다. 큐티하는 많은 이들이 하나님의 뜻을 구하기보다는 자기 문제 해결에 눈이 고정되어 있어 자신의 귀에 듣기 좋도록 적용한다는 사실입니다. 그러니 열심히 큐티를 해도 말씀에서 많이 빗나가 삶의 근본적인 변화보다는 자기 의만 쌓여 가는 형식적인 모습이 될 뿐입니다. 오랜 세월 말씀 사랑을 통해 하나님과 가까워지면서 하나님의 은혜에 목마른 천국 동창생들과 간절히 나누고 싶은 소원이 생겼습니다.

선악과를 따 먹은 후의 인간의 사고구조는 엄습해 오는 생존 불안의 해결을 위해 행위 구원의 시스템으로 끊임없이 잔머리를 굴리기 때문에 쉼이 없습니다. "행위냐? 은혜냐?" 예수님의 십자가 사건으로 행위 구원에 종지부를 찍고 한계를 인정하고 예수님을 바라보는 모든 이가 구원을 얻도록 길을 터 주심은 기막힌 하나님의 은혜입니다. 하나님을 만날 수 있는 시간은 그분에게 달려 있습니다. 오직 그분이 문을 열어 주셔야 합니다. 그런데 역시 하나님은 사랑의 하나님이십니다. 언제 어디서나 누구나 하나님을 만날 수 있는 큰 대문을 열어 놓으셨기 때문입니다.

하나님이 사람을 만나 주시는 하나님의 때를 '카이로스 타임'이라 부릅니다. 사람의 방식과 하나님의 방식은 너무나 다릅니다. 하나님의 카이로스 타임은 곧 관계의 시간입니다. 하나님이 하나님 되심을 인정하고 신뢰할 때만이 나를 향한 하나님의 마음을 알게 되고 그분과 가까워집니다. 그분의 성품을 신뢰하고 믿는 것만큼 나를 향한 그분의 사랑을 만납니다. 어느 누가 자신의 아들의 생명을 원수 편에 서 있는 자를 위해 내어 주겠습니까?

오직 그분이 사랑임을 받아들이고 믿을 때 하나님과의 만남의 대문이 열립니다. 예수님이 십자가에서 돌아가심으로 십자가가 죄인과 하나님의 끊어진 관계를 이어 주는 다리가 되었습니다. 신뢰는 하나님과의 만남의 카이로스 타임으로 들어가는 정문 키입니다. 오늘도 우리 주님은 멀리 떠나 방황하며 힘겨워하는 우리 이름을 안타깝게 부르시며 찾으십니다. "애야, 힘들지?" 하며 우리에게 손을 내미십니다. 누구든지 수고하고 무거운 짐을 끌고 주님을 신뢰하며 나아오는 자에게 우리 주님은 마음의 쉼을 주십니다. 불안에 떠는 우리에게 마음의 쉼을 주는 주님의 평안은 최상의 보물입니다.

"내가 너희를 쉬게 하리라"는 말씀에 우리는 "네, 주님! 쉬고 싶습니다"라고 대답하며 주님께로 달려 나옵니다. 약속하신 말씀대로 안정하지 못하는 이 마음을 주님의 쉼으로 채워 주소서. 아멘.

30

하나님의 말씀을 들으면
내 안에 생명이 살아난다

"…여호와여 주의 말씀대로 나를 살아나게 하소서"(시 119:107).

하나님이 "빛이 있으라" 말씀하시니 빛이 있었습니다(창 1:3). 하나님이 말씀하시면 곧 그것이 현실로 드러납니다. 하나님의 심장은 무조건 주시는 아가페 사랑으로 가득 차 있습니다. 그래서 하나님이 말씀하시면 그 안에는 하나님의 사랑으로 온통 코팅되어 있습니다. 하나님의 말씀은 살려 주는 사랑의 능력이 있습니다. 하나님 말씀은 잘 차려진 잔칫상과 같습니다. 내가 음식을 맛있게 먹으면 음식은 내 안에 들어가 살이 되고 피가 되어 살아가는 에너지로 변해 내 생명을 유지해 줍니다. 거듭난 사람일지라도 여전히 육체 가운데 있는 인간은 환경이 열악한 형편에 처하게 되면 본성을 드러내게 됩니다. 위기의 순간에 나오는 행동이 바로 성숙도를 말해 줍니다. 타락한 인간의 기본 정서는 불안하여 불신하고 불만으로 가득하며 자신의 것이 건드려지면 분노를 터트립니다. 여러 상황 가운데 처하며 내재하는 죄와 싸워 이기는 능력이 없는 것을 깊이 절감하게 됩니다.

이때 말씀을 마음으로 읽고 꼭 붙들면 그 말씀이 내 안에 있는 절망을 따뜻한 위로로 어루만지듯 감동으로 바꾸고 입술로 믿음의 고백을 하게 됩니다. 위기의 상황을 면하게 해줌을 만나며 여호와는 나의 산성, 나의 피할 곳, 나의 피난처임을 고백하고 위기 상황마다 이길 힘, 피할 길을 내어 주시고 인도해 주시는 하나님을 고백합니다.

"여호와는 나의 목자시니 내가 부족함이 없으리로다"(시 23:1).

계속해서 말씀을 마음속에서 되새기며 아찔한 위기 상황 속에서 먹이시고 입히시고 광야 가운데서도 신발이 떨어지지 않도록 부족함 없이 돌봐 주신 우리 주님의 성실하신 돌보심을 돌아보며 하나님의 베푸신 은혜를 음미하며 그분의 섬세한 사랑에 마음이 녹아내립니다.

"그가 나를 푸른 풀밭에 누이시며 쉴 만한 물가로 인도하시는도다"(시 23:2).

"사람이 감당할 시험밖에는 너희가 당한 것이 없나니 오직 하나님은 미쁘사 너희가 감당하지 못할 시험당함을 허락하지 아니하시고 시험당할 즈음에 또한 피할 길을 내사 너희로 능히 감당하게 하시느니라"(고전 10:13).

한 말씀 한 말씀을 영혼 깊숙이 음미하며 "아멘! 아멘!" 할수록 베풀어 주신 그분의 사랑에 취하는 동안 그간 악한 양심이 부추겨 불만을 토하고 원망하며 불안한 속내로 불신을 드러내던 마음이 눈 녹듯 사라지고 비록 환경은 달라진 것이 없더라도 마음은 하나님을 신뢰하고 찬양하는 마음으로 가득하게 됩니다. "비록 무화과나무가 무성하지 못하며…우리에 양이 없으며 외양간에 소가 없을지라도 나는 여호와로 말미암아 즐거워하며 나의 구원의 하나님으로 말미암아 기뻐하리로다"(합 3:17-18)라는 하박국의 심정과 하나가 되어 "내 영혼을 소생시키시고 자기 이름을 위하여 의의 길로 인도하시는도다"(시 23:3)라고 외칩니다. 절망의 위기들을 뚫고 나오도록 길을 내신 하나님을 노래합니다.

"내가 사망의 음침한 골짜기로 다닐지라도 해를 두려워하지 않을 것은 주께서 나와 함께하심이라 주의 지팡이와 막대기가 나를 안위하시나이다"(시 23:4).

다시 눈을 떠 불안한 현실을 보며 달려드는 불안을 말씀으로 물리쳐 냅니다.

"주께서 내 원수의 목전에서 내게 상을 차려 주시고 기름을 내 머리에 부으셨으니 내 잔이 넘치나이다"(시 23:5).

승리의 확신으로 희망을 부여잡으며 "내 평생에 선하심과 인자하심이 반드시 나를 따르리니 내가 여호와의 집에 영원히 살리로다"(시 23:6). 그렇습니다. 평생 주님의 선하신 마음, 인자하신 그 마음이 나를 채워 주시어 내가 거룩하신 하나님 곁에서 동행하도록 영원히 주님이 붙들어 주실 것입니다. 나와 관계된 모든 것이 합력하여 선을 이루고 주님의 형상으로 화하도록 완전하게 하실 그날을 바라보며 감격의 예배를 드립니다.

내재하는 죄성의 육의 소리를 듣고 사망의 음침한 골짜기를 가든지, 하나님의 말씀을 마음으로 듣고 내 안에 예수님의 생명이 계속 나를 사망의 위협에서 끄집어내어 속에서 영생하도록 샘솟는 주님과의 예배자로 살 것인지 선택하는 것은 나의 몫입니다. 하나님의 말씀으로 내게 말을 거실 때 내 인생 가운데 생명수가 터져 나와 나도 살고 너도 살립니다. 생명을 택하고 하늘의 통로가 되소서.

31

"사모하라, 다스리라"는 말씀에 숨겨진 부부 행복의 비밀

"너는 남편을 원하고 남편은 너를 다스릴 것이니라"(창 3:16).

남편과 아내가 하나님이 주신 질서를 유지하며 그 가운데 행복한 부부로 살아갈 수 있는 방법이 성경에 나와 있습니다. 그것이 창세기 3장 16절인데, 이는 하나님이 내리신 남편과 아내 사이의 행복 지침입니다. 남자들은 눈에 비치는 여자의 외모에 너무나도 쉽게 빠지는 성향이 있습니다. 아담이 하와를 보자마자 첫눈에 반해서 "내 뼈 중의 뼈요 살 중의 살이라"(창 2:23)고 한 것만 보아도 알 수 있습니다. 내내 혼자 있다가 자신과 비슷한 인간 모습을 한 여자를 만나게 되니 하와가 그야말로 환상적으로 다가왔을 것입니다. 이에 비해 하와의 반응은 아담만큼은 아닌 듯합니다. 성경 어느 곳을 찾아봐도 그런 내용이 나타나지 않습니다. 사랑하는 남편 아담이 열심히 동물들에게 이름을 지어 주는데, 하와는 그런 일에는 별 흥미가 없습니다. 하와는 그저 먹으면 죽는다는 선악과가 궁금해 나무 곁으로 다가가 뱀이 유혹하는 소리에 못 이기는 척 넘어가더니 선악과를 따 먹음과 동시에 하나님께 받은 복을 놓친 어리석은 여자입니다.

왜 하와는 널리고 널린 많은 과일 중 하필이면 먹으면 죽는다는 선악과가 먹음직, 보암직, 지혜롭게 할 만큼 탐스럽게 보였을까요? 하나님이 정해 준 아담을 적절히 도우라는 자신의 역할이 별로 맘에 차지 않았던 것일까요? 돕는다는 것이 어쩐지 '아담은 주역, 나는 겨우 조연이야' 하는 마음이 들어서 별로 기쁘지 않았을까요? 설마 아담을 잘 도우려면 지혜가 더 필요하다고 여겨서 선악과를 따 먹은 것일까요?

뱀은 "선악과를 먹으면 눈이 밝아 하나님과 같이 선악을 알 줄 하나님이 아시고 그런 거야"라고 하와를 꼬드기며 마치 선악과에 하나님의 전지적 능력을 갖게 하는 성분이라도 들어 있는 것처럼 말합니다. 그러고는 서로가 묵계(默契)하고 공모할 수 있는 자리를 폅니다. 마귀는 거기에 한술 더 떠서 하나님을, 귀중한 건 혼자 독식하려는 욕심쟁이 할아버지로 몰아세워 하나님의 성품을 비하하여 의심하게 만듭니다.

하나님을 완전히 신뢰했다면 어떤 감언이설이라도 통할 리가 없습니다. 그럼에도 불구하고 하와는 넘겨짚은 뱀의 말이 하나님 말씀보다 더 달콤하게 들렸습니다. 하나님의 명령을 어기면 안 되는 줄

알면서도 하와에게 순정을 바친 아담, 하나님보다 아내를 택한 비련의 남자 아담과는 달리 하와의 마음은 다른 데 가 있었습니다. 선악과의 근본 문제는 '러브 오브 파워'(Love of Power), 즉 피조물인 인간이 창조주 하나님의 능력을 소유하고픈 교만한 탐욕에 있습니다. 생명과를 선택했어야 '파워 오브 러브'(Power of Love), 즉 하나님 사랑의 힘이 우리에게 생겼을 텐데, 피조물이 자기 자리를 떠나 창조주가 되려고 하여 죽음이 왔습니다. 하나님인 척 하나님 자리에 앉는다 해서 하나님이 될 수는 없습니다. 욕심낸다고 내 것이 되진 않습니다.

하나님을 하나님 자리에서 밀어내어 하나님과의 관계만 깨어진 것이 아닙니다. 손가락질하며 "네 탓이야"라고 책임 전가할 때 부부 관계도 함께 깨어집니다. 제멋대로 주제 파악하지 못하고 잘난 척하다가 큰 코 다쳤지만, 사랑의 하나님은 처음 계획대로 행복한 부부 관계를 회복시켜 주시고자 하십니다. 심판과 징계는 근본적으로 다릅니다. 심판은 사정없이 잘잘못을 가리고 벌을 주는 것이라면, 징계는 잘못된 부분을 바로잡아 원래의 것을 회복시켜 주려는 사랑에 근거합니다. 하나님이 말씀하시면 생명이 살아납니다. 말씀을 들으면 회복이 일어납니다.

무너진 부부의 질서를 바로잡는 데 있어, 아내는 남편을 사모하고, 남편의 다스림을 받으라고 말씀하십니다. 여자에게는 남자로부터 보호받기 원하는 마음이 있습니다. 그것이 만족될 때 여자는 사랑받는다고 느낍니다. 반면에 남자에게는 아내를 다스리고자 하는 마음을 주셨습니다. 자기를 존중하고 신뢰하여 따라 주는 아내의 모습 속에서 남자로서의 성취감을 느끼며, 그것을 사랑받는다고 여깁니다. 그래서 둘이 하나가 되는 완전한 모델을 주셨습니다. 남편들에게는 그리스도가 교회를 사랑하듯 먼저 아내를 사랑하며, 깨지기 쉬운 그릇으로 여겨 잘 돌보고 다스리는 매니저로서의 역할을 주셨습니다. 또한 아내는 교회가 그리스도께 순종하듯 남편이 리더십을 발휘하도록 마음을 다해 내조하도록 하셨습니다. 이리하여 서로가 하나로 연합하길 원하셨습니다(엡 5:15-33). 하나님의 말씀대로 아내와 남편이 서로를 최고로 여기며 사모하고 다스리는 사랑의 관계 질서가 세워지면 천국 부부의 새 삶이 살아납니다.

예수님의 피는
모든 죄성의 해독제

"예수께서 이르시되 내가 진실로 진실로 너희에게 이르노니 인자의 살을 먹지
아니하고 인자의 피를 마시지 아니하면 너희 속에 생명이 없느니라 내 살을 먹고
내 피를 마시는 자는…내 안에 거하고 나도 그의 안에 거하나니…나를 먹는 그 사람도
나로 말미암아 살리라"(요 6:53-57).

온 가족이 바쁜 일상생활을 떠나 여름휴가로 캠핑을 떠납니다.
풀벌레 소리 들리고 매미 소리가 정겨운 자연을 누리기에 최상입니
다. 숲속에 텐트를 치고 오랜만에 들이쉬는 신선한 시골 공기가 상
쾌합니다. "혹시 독뱀이 있을지 모르니 여기 주위에만 있어. 물리면
죽어요. 숲속으론 깊이 들어가지 마라." 아빠가 어린아이들에게 따
끔하게 경고합니다. 그러나 잠시 어른들이 텐트 치는 사이에 아이들
이 주위에 매료되어 숲으로 들어갑니다. 잠시 후 "엄마" 하는 아이의
비명소리에 모두 놀라 뛰어갑니다. 아이가 다리를 움켜쥐고 죽겠다
며 데굴데굴 뒹굽니다. 독사에게 물린 것입니다. 독사 없는 안전지
대라고 생각했는데 모두가 당황하여 어찌할 바를 모르고 사색이 됩

니다. 순식간에 맹독이 온몸으로 번져 아이가 새파랗게 질리고 정신을 잃어갑니다. 이때 독사 중에 독사인 방울뱀이나 코브라에게 물렸다고 가정해 봅시다. 이 아이가 살아날 수 있는 길은 한 가지입니다. 빠른 시간 안에 해독제를 먹이거나 주사를 놓아 몸 안에 퍼져 죽음으로 몰고 가는 맹독을 해독해 내는 것입니다.

이와 같은 사건이 창세기 3장에서 일어나고 있습니다. 뱀의 유혹을 이기지 못하고 "먹으면 반드시 죽으리라"는 하나님의 경고를 무시한 하와가 선악과를 입에 무는 순간이 바로 완전 독뱀인 마귀에게 물리는 순간입니다. 하와는 죽음의 독이 몸에 퍼지고 영혼의 밑바닥에 하나님에 대한 반항이 깔려 하나님 사랑을 잃어버리고 자기 자신만을 생각하는 이기주의라는 맹독에 중독됩니다. 그리하여 자기 비위를 거스르면 자연히 자존심이 상하고 본능적으로 위협을 느껴 악한 양심이 자기 방어를 위해 일어납니다. 또한 자신을 거스르는 이들을 정죄하여 찌르고 심판하여 결국은 남도 자기도 다 죽게 되는 파괴적인 고립 관계에 다다릅니다.

요즘 인터넷에서 아이디를 대거 해킹하여 피해가 속출하는 대형 사고들이 자주 일어납니다. 아이디만 입력하면 남의 정보를 빼내어 인터넷으로 연결된 모든 재산을 내 것으로 빼내 갈 수도 있고 신용 카드 오용도 가능하여 개개인에게 막대한 피해를 안겨 줍니다. 마치 여러 다른 모양의 자동차들이 하나로 뭉쳐 거대한 전투 로봇으로 변신하듯 해킹한 바이러스가 트랜스포머처럼 각기 침입해 들어와 하나의 거대한 해킹 프로그램으로 연결되어 정보를 빼내 갑니다. 참으로 악의 수준이 끝도 없이 발전합니다. 이와 같이 우리 내면에서 자존심과 악한 양심이 연결되어 내 안에 내재된 하나님의 선한 마음을 마비시키고 자극된 상처들이 정당방위의 이름으로 하나님의 성품에 반항하며 악의 넘치는 폭력 행사를 하도록 인간성을 스스로 파괴시킵니다.

예수님의 십자가는 율법의 완성입니다. 예수님의 십자가의 피만이 자존심이나 악한 양심이 부추기고 찔러대는 모든 요구를 해독해 내는 완전 해독제입니다.

"나의 죄를 씻기는 예수의 피밖에 없네. 나를 정하게 하기는 예수의 피밖에 없네. 예수의 흘린 피 날 희게 하오니 귀하고 귀하다. 예수의 피밖에 없네."

아들 예수의 피가 우리를 모든 죄에서 깨끗하게 하실 것을 믿고 예수님의 피를 마십니다. 내 육체 가운데 선한 것이 없는 것을 아오니 오늘도 내 안에서 올라오는 자존심의 독을 해독하여 주옵소서!

33

잠잠히 신뢰해야
비로소 들리는 하나님의 마음

"너희가 돌이켜 조용히 있어야 구원을 얻을 것이요
잠잠하고 신뢰하여야 힘을 얻을 것이거늘"
(In repentance and rest is your salvation, in quietness and trust is your strength, 사 30:15).

우리의 마음은 무엇이 나를 움직이느냐에 따라 부산할 수도 있고, 조용히 모든 환경을 뛰어넘는 평안을 가질 수도 있습니다. 신약성경을 보면 풍랑 이는 배 밑에 주무시던 예수님과 앞뒤로 물을 퍼내며 죽을까 난리 치던 제자들의 모습이 나옵니다. 제자들은 이 난관을 어떻게 헤쳐 나가야 할까 불안해하며 안절부절못합니다. 문제의 파도의 크기가 우리 눈에 커 보일수록 불안의 파도 높이도 비례하여 커지는 것이 보통입니다. 배가 전복되고 다 부서질 지경에 처했는데, 예수님은 어찌 그리 태평히 곤하게 잠을 주무실 수 있는 것일까요? 예수님이 너무 느긋하고 답답하게 느껴지나요?

위기의 순간에 지푸라기라도 붙잡으려는 것이 우리의 위기 대처

법입니다. 우리는 예수님의 제자들과 다르다 할 수 있습니까? 더하면 더했지 그들보다 낫지는 않을 것입니다. 제자들보다 더 펄쩍 뛰고 죽음 앞에 덜덜 떨며 예수님을 원망하며 난리를 피웠을지 모릅니다. 여기서 제자들의 마음을 통째로 삼키고 뒤흔드는 것이 죽음의 공포와 불안입니다. 보통 이럴 경우 처음에는 하나님을 원망하다가 답이 보이지 않으면 결국 바닥으로 떨어져 하나님을 간절히 찾으며 살려 달라고 애원하게 됩니다.

인생의 광풍 가운데 하나님의 관심과 나의 관심이 비슷한 듯한데 다릅니다. 하나님은 "나는 너를 책임지는 너의 하나님이다. 나를 믿고 불안한 마음을 놓으라!" 하시는데, 나의 눈에는 광풍이 너무 거세니 공포에 질려 하나님은 생각조차 나지 않습니다. 하나님의 관심은 "생사화복은 내 손에 있으니 네 생명은 내가 보장하마. 내게로 오라"는 러브 콜입니다. 내게 하나님이 살 길이라는 절대 소망이 있기에 그분을 절대 신뢰하기를 원하십니다. 나의 관심도, 하나님의 관심도 결국은 내가 생명을 얻고 더 풍성한 삶을 얻어 누리는 것인데, 그 얻는 방법이 문제가 됩니다. "다른 길로는 불가능해. 내가 너희들의 살 길이야"라고, "전능자인 나를 신뢰하라"고 말씀하시는 하나님께 집중해야 합니다. 내가 불안에 떨고 난리 칠 때 "그건 길이 아니란다"라고 크게 말씀하시는 하나님의 마음을 알아 들어야 합니다.

이사야 30장 15절(In repentance and rest is your salvation, in quietness and trust is your strength)은 우리가 궁극적으로 살 수 있는

길을 제시합니다. 방방 뛰지 말고 돌아서서 마음을 잠잠히 해야 살 길이 보이고, 조용히 주님을 신뢰함이 우리의 힘이라고 말씀하십니다. 우리의 문제는 도무지 마음이 잠잠히 있지 못하고 죽겠다 떠들어 대며 불안의 춤을 미칠 듯이 추는 것입니다. 문제없는 인생은 없습니다. 물론 문제들은 내가 해결해야 되는 것입니다. 문제 해결을 회피하라는 것이 아닙니다. 문제 묵상에 너무 빠져 마음을 소비하고 탈진시키지 말고, 시끄럽게 불안에 떠는 마음을 잘 잡아 진정시켜야 합니다. 그리고 '내 삶의 주인이신 하나님이 함께하시면 그분이 길을 내주실 거야. 주님이 내 인생의 주인이야. 닥친 문제가 아무리 집채 같아도 그분 손 안에 있어. 그분만이 내 모든 문제를 해결해 주실 수 있어. 문제는 그저 종이 호랑이일 뿐이야'라고 주지합니다.

환난은 인내를, 인내는 연단을, 연단은 소망으로 이끕니다. 이 순서는 결국 시끄러운 마음을 진정시켜 하나님의 마음과 하나가 되어 가는 과정입니다. 속이 시끄럽고 불안정하면 불안이 내 마음을 뒤흔드는 것에서 절대 자유롭지 못하며, 나는 문제를 더욱 꼬이게 만드는 문제 공장장이 됩니다. 문제를 해결한다고 방방 뛰며 흥분하면 십중팔구 그릇된 판단을 하기가 쉽습니다. 그런데 내 딴엔 실제 삶속에서 잠잠히 주님을 바라보아 사실 이해할 수 없을 만큼 평안한데 현실에선 계속해서 해결의 기미가 보이지 않고 물이 더 차오를 때는 어찌해야 하는지 질문이 생깁니다. 그럴 때일수록 가만히 하나님이 하신 일을 묵상해 봅니다.

내 눈에 해결이 너무 느려 보여 하나님이 손놓고 계신 듯해도 돌아보면 하나님은 사실 많은 일을 하셨습니다. 하나님을 왕으로 인정하고 잠잠히 그분을 신뢰하는 훈련은 물이 찰 대로 차야 합니다. 바로가 이스라엘을 가게 하기까지 열 가지 재앙이 닥치는데 절대 쉽사리 보내 주지 않습니다. 이스라엘과 바로에게 둘 다 하나님이 하나님 되심을 스스로가 드러내시고 "나는 네 하나님이야"라고 말씀하시는 중입니다. 물이 차오르는 것이 더 크게 보이는 것은 아직도 하나님이 나의 왕이심을 신뢰하지 못한다는 증거이니 절대 신뢰의 지점에 이르기까지 하나님은 우리를 기다리십니다. 내가 불안을 놓지 못하고 하나님보다는 불신으로 소망을 잃어버리면 성령을 근심하게 합니다. "아직도 내가 너와 함께함을 모르겠니?"라며 많이도 섭섭해 하십니다.

불안이 나를 살리는 길도 아닌데 하나님을 신뢰하는 쪽으로 넘어오는 게 그리 힘이 듭니다. 그 이유는 나의 관심의 총 집중 대상이 나여서 그렇습니다. 하나님은 "너냐, 나냐?"라고 광풍 가운데 물으십니다. 정작 문제 해결을 더 안타까이 기다리시는 분은 내가 아니라 하나님이십니다. 하나님은 "문제 묵상에서 돌아서서 시끄럽게 파도치는 마음을 조용히 쉬어 주렴. 내가 너의 살아갈 힘이야"라고 말씀하십니다. 내 모든 문제를 통해 모든 것이 합력하여 선을 이루어 가시는 그분을 인생의 왕으로 신뢰하며 마음을 평안으로 유지하면 하나님께서 한 발 한 발 대처할 지혜를 주시고 길도 열어 주실 것입니

다. 하나님이 우리의 내비게이션이 되어 주실 것입니다. 그분의 인
도하심에 잠잠히 신뢰하고 따라오라고 간절히 부르시는 음성을 들
으십시오. "오라. 오라. 내게로 오라."

chapter 6

예수님
형상으로
회복된 마음

고난당한 것이 내게 유익이라
이로 말미암아 내가 주의 율례들을
배우게 되었나이다
(시 119:71).

34

땀을 흘려야
맛보는 기쁨

"땅은 너로 말미암아 저주를 받고 너는 네 평생에 수고하여야 그 소산을 먹으리라
땅이 네게 가시덤불과 엉겅퀴를 낼 것이라 네가 먹을 것은 밭의 채소인즉
네가 흙으로 돌아갈 때까지 얼굴에 땀을 흘려야 먹을 것을 먹으리니 네가 그것에서
취함을 입었음이라"(창 3:17-19).

창세기 3장 17-19절을 얼핏 들으면 잘못을 저질러 호되게 회초
리를 맞고 있는 아이의 모습이 연상됩니다. 그러나 아이를 징계하는
아버지의 목적이 야단치는 것에 있다기보다는 자식을 사람 만들어
보려고 사랑의 매를 든 것 같습니다. 자식을 철들게 하려는 아버지
의 사랑입니다. 가장의 책임을 제쳐 놓고 변명에 급급한 못난 모습
의 아담을 책임감이 강한 리더이자 가장의 모습으로 회복시켜 주시
기 위해 내리신 하나님의 처방입니다. 땅이 저주받아 가시덤불과 엉
겅퀴를 내는 바람에 가족을 먹여 살리는 일이 힘겨워졌습니다. 땀을
흘리고 수고를 해야 가족을 먹여 살리는 책임을 다할 수 있습니다.

큰 아이가 고등학교를 졸업하고 방학 때 아르바이트를 꼭 하겠다

고 조른 적이 있었습니다. 여름 내내 에어컨이 고장 난 고물 자동차를 몰고 다니며 피자 가게에서 피자 배달을 했습니다. 돈이 생기기가 무섭게 쓰기에 바빴던 녀석이 아르바이트를 하면서 수고한 것에 비해 쥐꼬리만 한 수당을 받고 다니더니 도무지 자기 주머니에서 돈이 나오지를 않습니다.

"에어컨이 안 나와서 어떡하니. 힘들지 않아?" 하고 걱정하면 괜찮다고 하던 아이가 여름이 지나서야 고백을 했습니다. 차 안이 피자 오븐보다 더 뜨거운 적이 많았다고. 그때 '가난한 목회자를 아버지로 두어 고생이 많구나' 하며 마음이 무척 아팠습니다. 하지만 젊어서 한 고생이 약이 되어 이제는 직장에서 중요한 직책을 맡고 기쁨으로 일하는 모습이 참 보기 좋고 감사한 마음이 듭니다. 자기가 하고 있는 일에 최선을 다하며 즐기는 모습을 하나님께서도 얼마나 기뻐하시고 대견스럽게 생각하실까 싶어 그저 감사한 마음뿐입니다. 땀 흘리며 열심히 일함이 큰 아이의 분복이라 여겨집니다. 자신이 기쁨으로 최선을 다할 수 있는 일을 찾은 것이 하나님이 주시는 복임을 보며, 우리의 모든 후손들이 이 땅에서 기쁨으로 일할 수 있는 일을 찾기를 축복하며 간절히 기도합니다.

땀 흘리는 수고가 인생에 명약이 됩니다. "이제부터 아무 일도 하지 말고 쉬십시오" 하고 그야말로 손끝 하나 움직일 필요가 없게 되었다고 가정해 봅시다. 일에 바삐 쫓기다가 갖는 휴가의 맛은 기가막힙니다. 그러나 '아무 일도 하지 않고 주는 것 먹으며 매일 자고

놀면 과연 나는 행복할까?' 생각해 봅니다. 먹고 자기를 반복하는 동물과 같은 삶의 무료함을 감당할 수 있을지 자신이 없습니다. 사람은 보람에 의해 삽니다. 직장인은 은퇴를 해도 사명자의 인생에는 은퇴가 없습니다. 이웃을 위한 일은 마음먹고 세상을 둘러보면 얼마든지 있습니다. 주위에 내 손을 필요로 하는 이들이 사방에 널려 있는 것입니다. 주님께서 부르시는 순간까지 남을 위해 수고할 때 주어지는 생의 깊은 만족감은 이 세상 어느 것과도 비교할 수 없습니다.

땀 흘려 수고할 때 삶의 소중함을 톡톡히 배우게 됩니다. 땀 흘려서 열매를 얻을 때 말할 수 없는 기쁨을 맛봅니다. 기쁨을 주는 일거리를 주신 하나님께 감사하게 됩니다. 종신토록 주의 일을 위해 전심으로 헌신하는 자에게 돌아오는 상은 섬겨 준 이들의 삶 가운데 무르익어 가는 생명의 열매입니다. 육신은 필경 흙으로 돌아가도 수고로이 심은 예수님의 영생 복음의 씨앗은 심은 이들의 삶 속에 복으로 이어질 것입니다. 이러한 영원한 상을 내 것으로 누릴 수 있는 복된 기회는 땀 흘려 섬기는 자에게 언제나 활짝 열려 있습니다.

35

뼈아프게 고생하고서야
소중함을 배운다

"고난당한 것이 내게 유익이라 이로 말미암아 내가 주의 율례들을 배우게 되었나이다"
(시 119:71).

하나님의 말씀을 마음으로 들으면 말씀이 내 안에 생명수로 변합니다. 아담과 하와가 선악과를 따 먹고 그저 변명만 늘어놓고 빠져나가려 몸부림칠 때 하나님이 다음과 같은 처방을 내리셨습니다.

"또 여자에게 이르시되 내가 네게 임신하는 고통을 크게 더하리니 네가 수고하고 자식을 낳을 것이며"(창 3:16).

이 말씀이 바로 하나님께서 여자에게 주신 생명의 말씀입니다. 에덴동산에는 사방에 주렁주렁 달린 아주 잘 익은 과일들로 가득하여 손만 뻗으면 먹을 수 있습니다. 입에서 살살 녹고 그 맛들이 다 다르고 오묘하여 먹는 재미에 빠져드는 과일들이 넘치도록 풍성합니다. 필요한 것을 너무 손쉽게 얻을 수 있습니다. 이렇게 모든 것이 주어지다 보니, 아담과 하와에게는 그것들이 그다지 귀하지 않을 뿐더러 모든 게 당연하다고 여깁니다.

이렇듯 범사에 감사를 모르던 철부지 하와가 임신하면서 큰 고통과 수고를 겪고, 자식을 향한 모성애로 가득한 헌신적인 여인으로 변합니다. 내리 사랑으로 자식들을 위하고 헌신적으로 돌보는 만큼 자녀들이 잘 성장하고 형제들끼리도 사이좋게 지내면서 온 가족이 화평하면 좋으련만, 이게 웬일입니까? "뼈 중의 뼈, 살 중의 살이라" 고 고백할 때는 언제고, 선악과를 따 먹고 하나님 앞에 서니 "당신이 준 저 여자 탓"이라며 책임을 전가하고 하나님에게까지 그 책임을 밀어 넣는 데 급급한 아담의 모습에서 회의를 느낍니다. 비록 자신이 사고를 친 원인 제공자이긴 하지만 아담의 태도에서 신뢰가 깨지고 믿는 도끼에 발등 찍힌 심정입니다. 이제 미안한 감정이 쏙 들어가고 배신감마저 듭니다.

만감이 교차하는 가운데 관계가 불편해진 아담과의 사이에서 첫아이를 온몸이 찢어지는 아픔 가운데 낳았습니다. 조금만 힘든 일이 생길라치면 너 때문이라고 몰아세우는 남편 아담에게는 만정이 떨어진 지 오래이지만 눈에 넣어도 아프지 않을 첫 아이, 가인은 금이야 옥이야 온갖 정성 다 바치며 돌봅니다. 혹여 자신에게서 가인을 빼앗아갈까 봐 남편과 경쟁하듯 싫은 소리 한번 안 하고 왕자 마마로 위하며 가인에게 마음 붙이고 삽니다. 그런데 자기 생명처럼 애지중지하는 큰 아이, 가인이 시샘 때문에 자기 동생을 무자비하게 죽이고, 하나님께로부터 멀리 쫓겨나 곁에 있지 못하게 되었습니다.

살을 에는 아픔 속에서 하나님이 자신들의 불순종으로 가슴 아파하시는 그 고통을 똑같이 체험하며 통곡합니다. 그런 아픔의 연단 후에 아들 하나를 더 얻습니다.

"아담이 다시 자기 아내와 동침하매 그가 아들을 낳아 그의 이름을 셋이라 하였으니 이는 하나님이 내게 가인이 죽인 아벨 대신에 다른 씨를 주셨다 함이며 셋도 아들을 낳고 그의 이름을 에노스라 하였으며 그때에 사람들이 비로소 여호와의 이름을 불렀더라"(창 4:25-26).

하나님을 겸손히 섬긴 아벨을 반환받은 심정으로 하와가 말합니다. "하나님이 내게 가인이 죽인 아벨 대신에 다른 씨를 주셨다." 그런 아픔의 깊은 연단 후에 얻은 아들 셋(반환받았다는 뜻임)을 얻고서야 책임 회피, 책임 전가, 원망으로 가득찼던 불순종의 거품이 빠지고 비로소 새로운 아들을 주신 하나님께 깊이 감사하며 경외하는 하와의 겸손한 태도 변화가 보입니다. 아들 셋이 아이를 낳고 그때야 비로소 하나님의 이름을 부른 것으로 보아 아벨은 살해당해 죽고, 아벨을 죽인 형 가인은 멀리 쫓겨나 관계가 끊겼으니 죽은 바나 다름 없는 비극 중에 소 잃고 외양간 고쳤다고나 할까요. 아벨을 되받은 심정으로 셋을 하나님을 경외하는 자로 확실히 키워 하나님을 향한 태도에서 많이 겸손하고 진지하게 달라진 성숙한 모습을 엿볼 수 있습니다(창 4:25). 아무래도 뼈아픈 고생을 해야 사람 꼴이 나는 것이 우리 모두의 모습인 것 같습니다. 꼭 넘어져 다치고, 건강을 잃고 나서야 건강의 소중함이 뼈에 절이고, 으레 그러려니 하던 일생의 일들이 망가지고 깨져야 인생의 소중함이 무엇인지 눈이 떠집니다. 우리 모두 이 어리석음을 벗고 평범한 일상 속에서 항상 기뻐하고, 쉬지 말고 기도하고, 범사에 감사하는 건강한 그리스도인의 삶을 누리길 소망합니다.

36

고난은 주님에 대한
신뢰도를 재는 자

"두려워하지 말라 내가 너와 함께함이라 놀라지 말라 나는 네 하나님이 됨이라 내가 너를
굳세게 하리라 참으로 너를 도와주리라 참으로 나의 의로운 오른손으로 너를 붙들리라…
버러지 같은 너 야곱아, 너희 이스라엘 사람들아 두려워하지 말라 나 여호와가 말하노니
내가 너를 도울 것이라 네 구속자는 이스라엘의 거룩한 이이니라…하늘이여 노래하라
땅이여 기뻐하라 산들이여 즐거이 노래하라 여호와께서 그의 백성을 위로하셨은즉
그의 고난당한 자를 긍휼히 여기실 것임이라"(사 41:10, 14, 49:13).

아무리 당하는 고통이 크다 해도 이는 믿음의 시련일 뿐입니다.
하나님은 결코 죽이지도 버리지도 않으십니다. 우리는 죽을 만큼 무
섭게 인생의 폭풍을 맞아도 쉽사리 세상 사랑, 자기 사랑, 자기 소원
을 놓지 못합니다. 생명의 주인이신 하나님께서 부르시면 누구나 빈
손으로 가야만 합니다. 그런데 마지막 순간까지도 갖가지 모양새의
탐욕들을 놓지 않고 움켜쥐려 발버둥을 치는 어리석은 모습을 보입
니다. 이 모습으로 지옥 불에 들어가느니 붙잡혀 있는 탐욕을 가차
없이 치시는 고통을 통해 부질없음을 깨닫고 이생에서 다 놓아 버리
는 연습을 하여 자유를 주시려는 것이 주님의 깊은 뜻입니다.

믿는 자에게 닥치는 모든 고난은 마음 깊은 곳에 누구를 그리고

무엇을 신뢰하는가를 되묻고, 그 대상을 드러내는 문입니다. 이 고난을 통해 보이지 않는 하나님을 보이는 것처럼 신뢰하는 것을 배우게 됩니다. 초죽음의 훈련을 통해 차차로 주님의 선하시고 인자하심을 경험하고 하나님께 다가가게 됩니다. 주님을 신뢰하고 주님의 성품을 따르며 기다리다 보면 혼자 내동댕이쳐질 것 같은 거친 폭풍우 가운데서도 부어 주시는 그리스도의 평강 가운데 감사의 제사를 드리는 예배자로 업그레이드됩니다. 평안히 모든 세상 짐을 내려놓고 주 안에서 안식하다 보면 관계된 모든 일들을 멋지게 교통 정리해 주시는 하나님의 다스림을 가까이 체험하는 날을 반드시 맞게 됩니다.

하나님은 손끝 하나 까딱할 수 없이 완전히 기진맥진하여 포기 상태에 이르렀을 때 기적의 손을 베풀어 주십니다. 할 수 있는 인간적인 방법을 다 써 보고 완전 파산한 상태에서 갑자기 모든 일들이 해결될 때 구원이 하나님께로부터 왔음을 전심을 다해 인정하지 않을 수 없습니다. 인간의 바닥이 하나님이 일하시는 시작임을 깨닫습니다. 힘이 닿는 마지막까지 의심하고 밀어내도 참아 주시고, 우리가 바라볼 때까지 손을 놓지 않으시는 하나님을 찬양합니다!

우리의 성정과 같지 않은 하나님이 우리 아버지이시니, 우리는 얼마나 기가 막힌 복을 받은 사람들입니까? 하나님은 주는 복은 마다 하고 언제나 물이 나오지 않을 엉뚱한 곳에서 우물을 파는 못난 자들을 무궁히 사랑하셔서 기다려 주시고 인자를 베풀어 주십니다.

하나님 아버지, 당신의 인자하심은 참으로 끝이 없습니다.

사랑의 하나님! 참으로 당신의 인자는 커서 온 땅에 스며 있습니다. 시도 때도 없이 주님의 이름만 불러대도 달려와 주시는 하나님! "내가 네 곁에 있으니 두려워도, 놀라지도 말라"고 하시며 모든 상처와 눈물을 닦아 주시고 안아 주시고 달래 주시는 따뜻한 하나님! 제 탓을 하나님 탓인 양 투정해도 "오냐 오냐" 다 받아 주시는 너그러우신 하나님! 당신의 무궁한 인자하심을 영원히 감사하며 찬양합니다. 주님을 기뻐합니다. 주님의 사랑을 즐거이 누립니다. 주님의 이름을 찬양합니다.

37

나는 죽고
그리스도만

|

"내가 그리스도와 함께 십자가에 못 박혔나니 그런즉 이제는 내가 사는 것이 아니요
오직 내 안에 그리스도께서 사시는 것이라 이제 내가 육체 가운데 사는 것은
나를 사랑하사 나를 위하여 자기 자신을 버리신 하나님의 아들을 믿는
믿음 안에서 사는 것이라"(갈 2:20).

"나는 죽고 그리스도만"이라는 말씀을 처음 접한 시기가 예수님을 영접하고 성경 말씀에 매료되어 한 글자도 빠짐없이 내 것으로 끌어안았던 대학교 2학년 때입니다. 회심한 사도 바울이 하는 고백들이 너무나 멋져 보였습니다. '어떻게 하면 이런 고백을 할 수 있을까?' 부럽기까지 했습니다.

"내게 사는 것이 그리스도니 죽는 것도 유익함이라"(빌 1:21).

"무엇이든지 내게 유익하던 것을 내가 그리스도를 위하여 다 해로 여길 뿐더러 또한 모든 것을 해로 여김은 내 주 그리스도 예수를 아는 지식이 가장 고상하기 때문이라 내가 그를 위하여 모든 것을 잃어버리고 배설물로 여김은 그리스도를 얻고 그 안에서 발견되려

함이니"(빌 3:7-9).

"내가 이미 얻었다 함도 아니요 온전히 이루었다 함도 아니라 오직 내가 그리스도 예수께 잡힌 바 된 그것을 잡으려고 달려가노라 형제들아 나는 아직 내가 잡은 줄로 여기지 아니하고 오직 한 일 즉 뒤에 있는 것은 잊어버리고 앞에 있는 것을 잡으려고 푯대를 향하여 그리스도 예수 안에서 하나님이 위에서 부르신 부름의 상을 위하여 달려가노라"(빌 3:12-14).

"나는 비천에 처할 줄도 알고 풍부에 처할 줄도 알아 모든 일 곧 배부름과 배고픔과 풍부와 궁핍에도 처할 줄 아는 일체의 비결을 배웠노라"(빌 4:12).

바울의 모든 서신들을 통한 깊은 신앙과 진솔한 고백들에 깊이 매료되어 나도 그의 길을 따라가리라 마음먹고 바울이 바라본 푯대인 예수님을 바라보게 되었습니다.

그런데 "나는 죽고 그리스도만"이란 말씀이 도무지 소화가 안 되었습니다. "내가 죽으면 어떻게 내 안에 그리스도가 살게 된다는 것일까? 내가 죽는다는 의미는 무엇일까? 이 모든 게 결국 내가 살자고 하는 것이 아닌가?" 하는 질문이 끊임없이 계속되는 가운데 "내가 죽어야 그리스도가 내 안에 사시게 된다"는 역설적인 진리 앞에 엎드렸습니다. '내가 죽어야 한다면 내가 내 삶을 몽땅 던지고 저 멀리 외지에 선교사라도 가야 한다는 말인가?' 하는 생각에 미치니 갑자기 내 삶을 전부 포기하고 예수님을 따른다는 것이 겁이 나고 혼란스러워졌습니다. 인격적인 하나님이시라면 내가 원하지도 않는 방법으로 외지 선교사로 보내시지는 않을 것이라는 생각이 들자 겨우 겁에 질린 마음이 진정이 되었습니다.

그러나 점차 하나님을 모르고 죄 가운데 버려진 영혼들에 대한 긍휼한 마음이 생기면서 열심히 손에 닿는 이들을 전도하다 보니 하나님께서 그분의 잃어버린 양들을 구하도록 나를 구원하시고 이 땅에 선교사로 파송시키신 것임을 알게 되었습니다. 하나님 말씀이 의미하는 진정한 뜻을 이해하지 못해 얼마나 우스꽝스런 걱정을 하고 하나님에게서 멀리 도망가려 했는지 모릅니다. 말씀을 묵상해 가며 점차 그분의 깊은 마음에 눈이 떠졌습니다. "나는 죽고 그리스만"이란 고백이 완전 속세를 버리고 머리 깎은 중처럼 종교인이 되라는 의미가 아님을 알게 되었습니다. 나 자신의 유익을 위해 좋다고 여겨지는 것을 수단 방법 가리지 않고 손에 넣는 세상 방식을 버려야 자격 없는 죄인들을 위해 자신의 피 한 방울까지 주신 예수님의 심장을 품을 수 있고, 잃어버린 영혼들을 주 앞으로 인도해 낼 수 있음을 알게 되었습니다. 육적인 나는 필히 죽고 순수한 예수님의 심장이 나를 주장해야 함이 무엇인지 점차 이해할 수 있었습니다.

외지에 나가 선교사가 되는 것이 아무나 할 수 있는 일이 아닌데, 나는 실제로 준비도 안 되었으면서 쓸데없는 걱정을 했었습니다. 자격이 안 되는 이가 선교사로 보내질까 봐 두려워하다니! 지금 생각해도 부끄럽습니다. 이러면서 내게 유익한 것을 다 배설물로 여길 수 있을까요? 기우에 빠진 나 자신의 착각이 눈에 들어왔습니다. 이것이 바로 내 안의 작은 욕심을 내려놓지 못하고, 자신이 감당 못할 일이 주어질까 봐 미리 걱정하는 우리의 못난 모습입니다.

내 안의 숨은 육체적 힘의 잔재들을 따라 사는 습관이 왜곡된 자기 사랑에 뿌리를 내려 쓴 뿌리들과 뒤엉키면 주님의 순결한 신부로 섬기지 못하게 막는 걸림돌이 됩니다. 심령으로는 하나님을 섬기지만, 실제로는 육을 따라 사는 모습에 통분해하고 한탄하며 회개합니다. 믿음으로 은혜받았다 하면서 개가 토한 것으로 돌아가듯 나의 눈은 여전히 익숙한 세상 기준으로 정죄하고 힘들어 하고 하루에도 수천 번 천국과 지옥 사이를 오갑니다. 우리는 어느 누구도 자랑할 만할 거라곤 쥐꼬리만큼도 없는 존재입니다. 정말로 알량한 소견을 죽어라 붙들고 자존심을 지키려고 자기 의의 옷을 입은 채 스스로 속이고 교만의 왕좌 위에서 거드름을 피우는 거지 왕의 모습을 하고 살 것입니까? 그런 모습이 우리 각자에게 있음을 깨달으면 부끄럽기 한이 없습니다.

"내가 그리스도와 함께 십자가에 못 박혔나니 그런즉 이제는 내가 사는 것이 아니요 오직 내 안에 그리스도께서 사시는 것이라 이제 내가 육체 가운데 사는 것은 나를 사랑하사 나를 위하여 자기 자신을 버리신 하나님의 아들을 믿는 믿음 안에서 사는 것이라"(갈 2:20).

진정으로 바울의 이 고백이 나의 고백이 되길 소원하며 작정하니다. "아, 나는 죽고 그리스도만!" 우리 모두 주님이 왕으로 다스리시는 믿음 안에 따뜻하게 어우러져 위하고 사는 행복한 모습이 되기를 소원합니다. 모두가 서로에게 복이 되기를 사모하며 기도합니다. 주님만이 나의 진정한 복된 소식이십니다.

38

예수님 형상화로 내면 치유가 일어나는 성경 인물 묵상

"하나님이 미리 아신 자들을 또한 그 아들의 형상을 본받게 하기 위하여 미리 정하셨
으니 이는 그로 많은 형제 중에서 맏아들이 되게 하려 하심이니라 또 미리 정하신
그들을 또한 부르시고 부르신 그들을 또한 의롭다 하시고 의롭다 하신 그들을
또한 영화롭게 하셨느니라"(롬 8:29-30).

구원받은 자들이 온전히 그리스도의 모습을 닮아 성화됨이 하나
님이 우리를 부르신 궁극의 뜻입니다. 이 큰 뜻 아래 우리 삶의 모든
환경을 다스려 가십니다. 하나님의 다스림 가운데 모든 만남, 환경,
사건들은 형상화를 위한 필연에 속합니다. 수많은 사건들, 만남들 속
에서 버려야 할 죄성을 드러내시고, 드러난 죄를 혐오하게 하시고,
회복을 사모하며, 주님을 바라보며, 버릴 것은 버리고, 바라보아야
할 것은 바로 바라보며 주님 닮은 자가 되도록 우리를 점차 다듬어
가십니다.

성경 인물들을 여러 환경 가운데 다듬어 가시는 하나님의 손길을
따라 각각의 인물이 되어 보면 하나님께서 나 자신의 어느 부분을

다듬고 계시는지 알게 됩니다. 그러다 보면 그 사람들을 다듬어 가신 손길에서 바라보아야 할 주님의 사랑에 대한 오해들이 저절로 풀어집니다.

회개할 부분들, 잘라 버려야 할 못된 마음들, 마땅히 가져야 하는 하나님에 대한 신뢰의 회복, 나아가 현 시점에서 내가 할 일과 장래에 하나님께서 인도하실 내 삶의 방향도 알게 됩니다. 한 사람의 생애를 훑어보며 우리를 향하신 하나님의 오묘한 삶의 지도를 갖게 됩니다. 성경 전체의 그림을 보게 해주어 주관적으로 사사로이 성경을 왜곡하는 것도 막아 줍니다. 여러 모로 지경을 넓히는 데 성경 인물 묵상은 큰 유익이 됩니다.

일반적인 말씀 큐티가 현미경으로 말씀을 들여다보는 것이라면, 성경 인물 묵상은 나무 한 그루 전체를 바라보는 것입니다. 나는 성경 인물들의 고뇌와 환희 속으로 뛰어들어 저들의 심정과 함께하며 하나님을 묵상하는 훈련을 통해 상상 외로 놀라운 복을 받았습니다. 그들의 심정과 하나 되며 그들이 선택해 가는 과정 속에 심는 대로 거두게 되는 하나님의 인과응보의 다스림의 원리를 보았습니다. 하나님이 무엇을 원하실지 분명히 보이는데 아쉽게도 하나님의 성품과 달리 선택했을 때 스스로 자기 발등을 찍는 것이 너무도 안타까워 현실의 상황에서 어느 것이 바른 선택인지 확신하고 앞으로 나아감이 쉬워졌습니다. 그런 과정 가운데 하나님의 길을 택한 인물과 같은 선택을 하든지, 하나님의 길을 밀어내고 반항의 길을 택한 인물들을 보면서 저들이 걸은 길을 물리고 하나님의 길을 선택하게 되었습니다. 점차로 하나님의 길을 따라감이 쉬워졌고, 그로 인해 말씀의 약속대로 부어 주시는 성령님의 은혜를 넘치게 받았습니다. 주님의 마음이 임하여 마음이 따뜻해지고, 부어 주신 사랑으로 이웃에게 손 내미는 기쁨이 날로 넘치게 되었습니다.

현대는 모든 것이 인스턴트화 된 시대입니다. 말초 신경적인 쾌락에 중독되어 생각하기 싫어하는 현대병 앞에서 사고하는 능력이 상실되어 가는 것은 인간이 인간됨을 포기하는 위기입니다. 아무쪼록 주님과 더불어 조용히 묵상하고, 성경 인물들의 삶 속에 들어감으로써 그들의 혼란스러운 삶 가운데 다가와 손 내미시고 말씀으로 그들을 회복시켜 주시는 성령님을 동일하게 만나고, 우리 모두 힘든 세상을 밝혀 주는 등불이 되길 사모합니다.

"내 눈을 열어서 주의 율법에서 놀라운 것을 보게 하소서…내가 성실한 길을 택하고 주의 규례들을 내 앞에 두었나이다…내 눈을 돌이켜 허탄한 것을 보지 말게 하시고 주의 길에서 나를 살아나게 하소서…나로 하여금 깨닫게 하여 주소서 내가 주의 법을 준행하며 전심으로 지키리이다"(시 119:18, 30, 37, 34).

39

구별된
노아 가족의 삶

"너희는 거룩하라 이는 나 여호와 너희 하나님이 거룩함이니라"(레 19:2).

거룩하신 하나님은 죄악을 가장 싫어하십니다. 눈에 넣어도 아프지 않을 만큼 사랑하는 자녀인 인간들이 죄악에 치우쳐 극에 달하니 어쩔 수 없이 쓸어버릴 계획을 세우십니다. 구해 주어도 결국엔 또 죄악으로 썩어 버릴 것을 아시면서도 노아를 부르시어 은혜를 베푸십니다. 여러 할아버지들로부터 500년간 신앙교육을 받은 노아에게 홍수 심판과 함께, 살아남을 수 있는 방대한 구원의 방주를 지으라 명하십니다. 하나님은 방주 제작에 필요한 것을 자세히 일러 주시고, 노아는 하나님이 명하신 대로 100여 년의 긴 세월 동안 순종의 훈련을 통해 서로 간에 신뢰가 깊어집니다. 말이 100여 년이지 홍수는커녕 비도 별로 오지 않는 멀쩡한 날들이 계속되는데, 온 식구가 아버지 노아의 말에 순복해 방주를 짓는다는 것은 보통 일이 아닙니다.

　모든 세상 사람들이 노아 가족을 손가락질하고 왕따시킬 때 그 가족의 마음은 어땠는지 몰라도 반항의 기록이 없습니다. 방주를 완성하는 100여 년간 얼마나 많은 사건이 생겼겠습니까? 도무지 황당한 계획을 내놓고 멀쩡한 날에 방주를 짓는다니 말이 됩니까? 혼자면 몰라도 자신의 가족 모두가 사회에서 외면당하는 것은 정말로 기가 막히고 참기 힘들었을 것입니다. 아버지의 고지식한 믿음의 길 때문에 중간에서 고민했을 노아의 아내의 심중을 헤아려 봅니다. 날이면 날마다 가족들에게 쏟아지는 조롱의 화살들…. 자식들은 아버지에게는 감히 뭐라 못하고 맹종하는 어머니에게 답답한 심정을 마구 쏟아 놓았을지 모릅니다. 아버지와 아들 사이에서 쉬쉬 달래고 마음 졸이며 살았을 노아의 아내에게서 힘든 현실 가운데 아이들을 달래며 남편을 조용히 세워 가는 현모양처의 모습이 보입니다.

　도무지 이해되지 않는 노아의 사명에 아내는 묵묵히 힘을 보태 줍니다. 이토록 받쳐 주는 아내의 든든한 보조가 없었다면 아마도 가족들마저 노아로부터 등을 돌리고 방주 짓는 계획이 무산되었을지 모릅니다. 무지막지하게 큰 방주를 혼자 지을 수는 없습니다. 많은 인력이 합심해야 가능한 일입니다. 외골수인 그가 과연 가족들의 마음속에서 순종을 불러내도록 자상하게 했을까요? 하나님이 방주를 지으라 하시니 방주를 짓는다고 통보하고 이에 필요할 명령을 하며 가족들을 설득했을까요? 당시 상황을 생각할수록 노아 아내의 조용한 내조가 큰 몫을 했다고 여겨집니다. 노아가 500세에 셈을 낳기 시작하여 함, 야벳을 낳았습니다. 아마 이들이 태어날 때부터 가족의 일이 방주 짓는 것이어서, 아이들이 자라면서 '왜 우리는 남들과 달리 이렇게 이상한 일을 하며 살까?' 하는 회의가 들어도 아버지가 하시는 황당한 일을 반역할 수는 없었을 것입니다.

노아의 아내가 세상 사람들의 의견에 동조했더라면 그런 연합은 불가능했을 것입니다. 어쩌면 노아의 믿음보다도 더 투철한 사명의식이 있어야 가능한 일로 보입니다. 방주를 완성하는 것은 가족의 헌신이 없었다면 불가능한 일인데, 노아의 아내가 온 가족을 하나로 묶는 강력한 끈의 역할을 해냈다고 봅니다. 속마음이야 어찌되었든 아버지의 미련한 믿음을 묵묵히 따른 대단한 가족입니다. 방주를 짓고, 방주 앞으로 나아온 동물들을 방주 안에 각기 맞는 방으로 들입니다. 세상의 안목으로는 정신이 돈 것 같은 노아를 가장이라 믿고 모두가 한마음으로 순종하니 여덟 식구 모두가 홍수의 심판에서 구원받는 복을 함께 누리게 됩니다. 진짜 홍수가 올까 긴가민가하던 때에 홍수가 나 모든 살아 있는 것들이 다 죽었지만 홍수를 통과하여 살아남은 여덟 식구의 기막혔을 마음을 생각합니다. 가장의 뚜렷한 믿음이 온 가족의 생명을 지켰습니다. 노아의 방주 사건은 노아 한 사람의 승리라기보다는 가족 전체의 승리입니다. 가족은 죽어도 함께 죽고, 살아도 함께 삽니다. 지상의 모든 믿는 자의 가정이 살아 계신 하나님을 왕으로 모시고, 한마음으로 순종하는 신앙관으로 처한 곳의 구원 방주가 되길 간절히 소원합니다.

40

팔복
묵상

|

"이같이 너희 빛이 사람 앞에 비치게 하여 그들로 너희 착한 행실을 보고 하늘에 계신 너희 아버지께 영광을 돌리게 하라"(마 5:16).

예수님은 자신을 따르는 자들의 삶이 풍성하고 윤택하길 간절히 원하십니다. 우리의 행복은 외적 환경에 좌우되지 않습니다. 그 마음의 중심에 무엇이 자리 잡고 있는지에 따라 빈곤한 삶인지 풍성한 삶인지 정해지는 것이 진리입니다. 예수님은 무엇이 마음 가운데 가득해야 보장된 행복자의 삶을 사는지, 하나님이 만드신 뜻대로 사람다운 사람이 어떤 사람인지 똑 부러지게 가르쳐 주십니다.

하나님이 의도하신 최적의 모습을 하신 예수님은 자신을 따르는 천국 백성들을 말로 몸으로 가르치시고 십자가에 죽으심으로 그의 말씀이 우리의 마음에 생생히 살아 움직이게 하셨습니다. 그 말씀이 우리를 쪼개고, 잘라내고, 새롭게 빚어내시어 천국을 일구십니다. 또한 세상에 속한 것들에 대한 사랑을 밀어내도록 이끄십니다. 심령이 가난해져 애통해하고 의에 주리고 목마르면 주님의 긍휼이 마음에 들어오고, 세상이 오해하여 핍박이 넘쳐도 화평을 이루도록 온인하게 됩니다. 주님을 나의 왕으로 사랑하니 천국을 이 땅에 가져오는 주님의 마음이 되고, 주님도 나를 사랑하여 나에게 나타내시어 사랑을 주고받는 자가 됩니다.

　주님이 나의 왕이 되어 온전히 다스리시는 인생은 자기를 기쁘게 하지 않고 오직 우리 주시며 온전하게 하시는 예수님을 기쁘게 해드릴 마음과 행동을 합니다. 이기주의의 악에 빠지지 않고 하나님 나라와 의를 구하고, 핍박을 받아도 그대로 갚지 않고 선으로 악을 이기는 하늘 향내가 물씬 나는 이가 됩니다. 모든 세상에 붙은 것들에 치심(置心)하는 군더더기를 다 잘라내고 오직 나를 위하여 자기 몸 버리신 예수님과 하나 됨만을 기뻐하니 그 인생이 단순해집니다. 모든 마음의 시끄러운 고민들을 주님의 사랑의 고백으로 바꾸어 찬송하는 재미에 푹 빠진 인생이 얼마나 행복한지 모릅니다. 도무지 하늘 행복을 모르는 자들은 어리석게도 자신들의 승리에 취해 악한 말을 하며 온갖 핍박을 해댑니다. 그러나 흔들림 없이 단호히 진정 의에 주리고 목이 말라 가난한 심령인 자가 주님과 동행하며 그분의 삶을 가까이 나누니 매일매일 불순종하여 반역하는 이들을 향해 사랑의 마음으로 지혜롭게 사람을 구원해내는 예수님을 모시며 나날이 그분과의 사랑과 행복이 깊어집니다.

그렇습니다. 사람들은 자신의 행복을 밖에서 찾아 헤매지만, 자신의 행불행은 어떤 마음을 먹고 삶을 살아가는지에 좌우됨을 다시 한 번 생각합니다. 마음에 합당하지 못한 상황을 만나면 믿음이 있다 해도 나를 향하신 하나님의 깊은 사랑의 마음을 신뢰하지 못하고 즉각 의심으로 움직여 맞지 않는 처방으로 별것도 아닌 일을 크게 불리는 것이 어리석은 우리네 인생의 죄된 습관입니다. 그러나 제멋대로 판단하고 정죄하고 분하여 혈기를 부리고 보복을 위해 악을 꾸미기조차 하는, 도무지 건져 줄 만한 모습은 전혀 없는 인생을 위해 예수님은 한없이 손을 내미시고 달래시고 때로는 엄하게 꾸짖으셔도 이내 꼭 안아 주십니다.

주님, 당신의 무궁한 인내, 우리를 만드신 하나님의 사랑, 주님의 영원히 변치 않는 사랑을 다시금 가슴 깊이 새기며 꼭 잡습니다. 내 안에서 진리와 은혜가 만나 하나가 되고, 축복으로 흘러가게 하소서. 이 땅 위의 모든 주님의 백성들이 주님의 뜻 안에서 축복 가운데 하나 되기 원합니다. 주님의 나라가 이 땅 위에 넘치도록 임하길 예수님의 이름으로 간절히 기도드립니다. 아멘.

마라나타 아멘. 주여, 어서 오시옵소서.

41

인간의 절대 절망은
하나님이 일하시는 시작

"예수께서 들으시고 이르시되 건강한 자에게는 의사가 쓸 데 없고 병든 자에게라야
쓸 데 있느니라 너희는 가서 내가 긍휼을 원하고 제사를 원하지 아니하노라 하신 뜻이
무엇인지 배우라 나는 의인을 부르러 온 것이 아니요 죄인을 부르러 왔노라
하시니라"(마 9:12-13).

    수영을 전혀 못하는 사람이 물에 빠졌습니다. 죽지 않겠다고 사력을 다해 허우적거립니다. 이때 그 사람을 구해 주려 손을 잡았다가는 둘 다 빠져 죽기 십상입니다. 구원의 손길을 만났으니 이제는 마음 놓고 돕는 자의 손에 자신을 맡기기보다는 살겠다고 죽을힘을 다해 발버둥 치다 오히려 빠진 물속으로 끌어내리기 때문입니다. 차라리 허우적거릴 힘이 다 빠지고 정신줄을 놓을 즈음이라야 저항을 하지 않아 기운을 빼앗기지 않고 그를 서서히 물가로 데리고 나와 둘 다 살 수 있습니다.

    영적으로도 마찬가지입니다. 자신의 한계를 모르고 자신의 노력으로 해낼 수 있다고 하나님을 밀어내는 사람에게 "인간의 힘은 한

계가 있어요. 당신은 하나님의 도움이 필요해요"라고 손을 내밀면 오히려 자존심이 상해서 선을 악으로 갚으려 합니다. 그래서 예수님은 "거룩한 것을 개에게 주지 말며 너희 진주를 돼지 앞에 던지지 말라 그들이 그것을 발로 밟고 돌이켜 너희를 찢어 상하게 할까 염려하라"(마 7:6)라고 말씀하십니다. 스스로 자기 의에 빠진 의인들이나 하나님을 심히 반항하는 영혼들이 아직 구원의 손길을 잡을 준비가 되지 않아 자신이 도움이 필요한 존재라고 여기며 겸손해져 고백하기까지는 먼지까지도 털어 버리고 그대로 두기를 명하십니다. '사랑의 주님이신데 어찌 손길을 거두라 하시는가' 하는 의문이 생길 수도 있습니다. 그러나 본인이 부족한 필요를 인정하고 목이 마를 때 구원이 주어져야 귀한 줄 알지 미리 필요를 보고 주어 봤자 감사는커녕 오히려 불만과 원망을 내뿜기에 손을 잠시 거두고 기다리라 하시는 것입니다.

뻔히 길이 아닌, 자신을 해하는 죄된 길을 가며 보물을 찾겠다고 하는 것을 보면 안타깝기 한이 없습니다. 그러나 완전 불치병에 걸린 사람이 절박하게 병이 낫기를 찾아 헤맬 때에는 작은 손길 하나라도 감지덕지로 붙들게 됩니다. 경제적으로, 육신적으로 또 인간관계에서 생길 수 있는 모든 상황에서 자신의 한계를 절감할 때 하나님을 바라보고 부르짖는 사람은 참으로 복된 자입니다.

"너희는 여호와를 만날 만한 때에 찾으라 가까이 계실 때에 그를 부르라 악인은 그의 길을, 불의한 자는 그의 생각을 버리고 여호와께로 돌아오라 그리하면 그가 긍휼히 여기시리라 우리 하나님께로 돌아오라 그가 너그럽게 용서하시리라"(사 55:6-7).

어느 방향으로도 도저히 문제의 해결이 보이지 않습니까? 문제는 바라볼수록 끝이 없이 끌어내리는 불안의 수렁입니다. 몰아치는 절망으로 눈앞이 캄캄해지는 지금 이 순간이 곧 하나님이 일하실 수 있는 시점입니다. 나의 절망이 곧 하나님의 시작입니다. 반항하고 뻗대는 교만한 생각을 버리고 돌아오면 불쌍히 여기시어 널리 용서해 주시겠다고 지금 부르십니다.

"지은 죄가 아무리 무겁고 크기로…우리 주는 날마다 기다리신다오. 밤마다 문 열어 놓고 마음 졸이시며 나간 자식 돌아오기만 밤새 기다리신다오. …채찍 맞아 아파도 주님의 손으로 때리시고 어루만져 위로해 주시는 우리 주의 넓은 품으로 어서 돌아오오. 어서"(새찬송가 527장).

낭패와 실망 뒤에 예수께로 나아옵니다. 병든 내 몸이 튼튼해지고, 빈궁한 삶이 부해지며, 죄악을 벗어 버리려고 주께로 나아옵니다. 하늘의 기쁨 맛보려고 주께로 옵니다.

42

콩 심은 데 콩 나고
팥 심은 데 팥 난다

"그리고 맡은 자들에게 구할 것은 충성이니라"(고전 4:2).
"자기의 육체를 위하여 심는 자는 육체로부터 썩어질 것을 거두고 성령을 위하여 심는
자는 성령으로부터 영생을 거두리라 우리가 선을 행하되 낙심하지 말지니
포기하지 아니하면 때가 이르매 거두리라"(갈 6:8-9).

겨울이 지나고 봄 햇살이 따뜻해지면 각종 씨를 심습니다. 씨를 심을 때는 씨앗에서 싹이 돋아 점점 커지고 무성해져 싱싱한 잎과 열매를 따 먹는 상상을 하며 기뻐합니다. 촉촉한 비가 내려 잎채소들이 무럭무럭 자라면, 그 채소들을 따서 집에서 담근 맛난 장과 함께 쌈밥을 해먹는 재미가 매우 큽니다. 무슨 음식이든 맛있게 먹으며 감사하는 소박한 행복이 바로 지상 천국입니다. 때 아닌 삶의 행복을 주신 하나님을 찬양합니다.

씨를 심을 땐 '콩 심은 데 콩 나고 팥 심은 데 팥 난다'는 믿음을 가지고 씨를 심습니다. 늘 그대로 되었기에 이를 의심하는 이는 없습니다. 저는 대학교 2학년 때 지독한 허무주의로 비관하다 예수님

을 믿고 거듭났습니다. 그때 세상적으로 안정된 삶을 바라보던 나는 죽고 예수님이 내 삶의 주인이시자 새로운 사명자로 오셔서 보너스 인생을 살게 되었습니다. "나는 이 땅에 주님의 양 떼를 찾아 돌보는 하나님 나라의 선교사요 대사이다"라는 정체성이 자리매김하게 되었습니다. 그때부터 복음을 전하며 누구든지 주님의 튼튼한 양으로 세워지려면 그들의 눈높이와 맞추고 함께하며 이웃이 되는 것이 첫 스텝이라는 사역 원리를 터득하게 되었습니다.

빛과 소금이 되는 것은 결코 쉬운 일이 아니었습니다. 왼뺨을 때리면 오른뺨도 내놓고, 오 리를 억지로 가게 하면 십 리를 기꺼이 가 주고, 억울하게 죄도 대신 뒤집어쓰고 오해도 받으며 모욕을 당하는 것도 감내해야 했습니다. 약한 이들의 짐을 져 주는 것도 힘든데, 오히려 선을 악으로 갚으며 내 보따리 내놓으라고 원망하는 황당한 일도 많이 만났습니다. 사역하며 정말 개념 없는 이들로 인해 탈진도 부지기수로 했습니다.

때때로 작은 교회 사모라고 무시도 많이 당했습니다. 물질의 손해도 많이 보았습니다. 교회가 작다고 이웃의 큰 교회로 가 버린 이들이 자기들을 돌봐줄 이는 사모님밖에 없다고 아쉬울 때만 찾아오는 얌체족들에게 화나 나긴 했지만 '오죽하면 나를 찾을까' 하는 심정으로 마음을 추스르고 오랜 세월 주님의 양으로 챙겨 주고 돌봐 주고 든든한 마음의 친구가 되어 주었습니다. 세월이 흘러 성숙해진 그들이 이웃의 작고 큰 교회의 기둥들로 세워져 은혜롭게 섬기는 것을 보면 감사가 되었고, 우리 하나님께서 "그들의 모습이 네 상이다" 라고 칭찬해 주심을 경험했습니다.

1976년 이후로 개척교회, 작은 교회만 섬기다 보니 안 해 본 일이 별로 없고 걸맞는 은사들이 개발되고 사용되면서 '사역 기계' (ministry machine)라는 별명이 붙었습니다. 제가 몸담았던 많은 사역 가운데 EM(English Ministry) 사역이 있습니다. 1976년 첫 교회에서 EM이라는 개념도 없을 때 시작하여 많은 어려움을 거치며 지금까지 셀 수 없는 EM 사역자들을 상담하고 멘토해 주고, 연합 사역 등 여러 모양으로 2세 사역에 임하며 사랑을 주고받는 그들의 대모가 되었습니다.

여러 사역에 다른 씨앗의 모습으로 복음을 심은 지 이제 40년이 넘었습니다. 그들이 미국 전역과 세계만방으로 흩어져 참으로 든든한 복음 전파의 사역자들로 충성하는 모습을 보며 큰 뿌듯함을 느낍니다. 긴 세월 동안 과정은 힘겨웠지만 주님께서 거두시는 열매들을 바라보는 제 마음엔 기쁨과 감사가 가득 넘쳤습니다. 만약 제가 작은 교회 사모라고 주눅 들고 내 교회 키우기에만 치중했다면, 오늘날 우리 교회가 대형 교회로 성장했더라도 이런 큰 열매를 거두는 기쁨의 날을 맞을 수 있었을까요? 사역의 성취욕을 내려놓고 주어진 자리에서 충성함이 하나님을 제일 감동하게 하는 것임을 다시금 깨닫습니다.

환경에 좌우되지 않고 내 교회라는 담장을 넘어 주님의 심장을 품은 하늘 선교사로 살았기에 나이도, 인종도, 언어의 장벽도 뛰어넘어 많이 심을 수 있지 않았나 생각합니다. 그러니 오늘 주님이 계속해서 거두어들이시는 열매를 함께 따는 것 아닐까요? 주님의 복음의 씨앗은 썩는 것이 아니라, 더디더라도 포기하지 않고 계속 충성하면 반드시 심은 대로 거두게 되는 날이 옴을 증거하며 모두 힘내시길 주님의 이름으로 응원합니다.

43

복의 근원으로
빚어진 아브라함

"여호와께서 아브람에게 이르시되 너는 너의 고향과 친척과 아버지의 집을 떠나 내가
네게 보여 줄 땅으로 가라 내가 너로 큰 민족을 이루고 네게 복을 주어 네 이름을
창대하게 하리니 너는 복이 될지라"(창 12:1-2).

　　우상을 만들던 아버지 밑에서 살던 아브라함의 삶은 아이가 없는
것을 빼곤 평탄한 삶이었습니다. 아이에 목마른 아브라함은 자신을
통해 큰 민족을 이루겠다고 자손의 축복을 약속하시는 하나님의 말
씀에 귀가 번쩍 뜨여 홀린 듯 안정된 곳을 떠나 하나님을 따라나섭
니다. 그를 축복하는 자에게는 하나님이 복을 내리고, 그를 저주하는
자는 하나님이 저주하시며, 땅의 모든 족속이 그로 인해 복을 받으
리라는 하나님의 약속이 이뤄지기에 그의 전 인생은 우여곡절의 파
노라마가 됩니다.

　　빼도 박도 못하게 아무도 의지할 곳 없는 외지에서 생존을 위해
그가 만난 모든 상황들은 믿음으로 사는 훈련의 도구가 되었습니다.

문제가 터질 때 자신도 모르게 익숙한 세상적 방법으로 위기를 모면하려 자기 딴엔 머리를 썼지만, 그것들로 인해 오히려 결국엔 자신의 치부가 드러납니다. 적나라하게 자신의 수치가 드러날 때에도 하나님은 마치 과잉보호 부모처럼 전적으로 아브라함 편을 들어 주시고 보호해 주셨습니다. 절대적 실수에도 책망하지 않고 너그러이 봐 주시는 하나님의 넓은 배려가 아브라함이 마음 놓고 실수하며 하나님이 어떠한 분이신지 이리저리 겪으며 절대적으로 하나님을 신뢰하고 관계가 깊어지는 기회를 만들어 주었습니다.

이 세상에 완전한 사람은 없습니다. 자신의 목숨이 걸린 때 아내 사라를 방패로 사용하는 비겁한 행동을 하다가 일생일대의 창피를 당하지만 그 아내 덕에 목숨은 물론 물질을 덤으로 얻는 은혜를 크게 입습니다. 그 덕분이었는지 아랫사람들에게는 참으로 너그럽고 책임 있는 사랑을 합니다. 위아래도 모르고 자기 눈에 좋은 것을 얌체같이 챙기는 조카 롯에게 계속 양보하며, 그를 사랑하고 알뜰살뜰 돌보고 끝까지 책임지는 믿음직한 어른의 역할을 잘 해냅니다. 목숨을 걸고 이삭의 아내를 찾아 주는 늙은 종 다메섹 사람 엘리에셀, 그가 그토록 아브라함 가정에 헌신하는 이가 된 것은 그간 함께 지내 오며 나눈 아브라함과의 진실된 인격적 관계가 있었기 때문입니다.

아브라함은 정녕 복 받은 사람입니다. 비록 장구한 세월이 걸리긴 했어도 그의 자손들로 인해 많은 약속들이 그대로 이루어졌으니 말입니다. 무엇보다도 평생 그를 가까이한 주위 사람들이 그를 신뢰하며 아름다운 관계를 가지며 충성했습니다. 평생 베푼 주님의 사랑의 배려들이 자신에게로 돌아오니 아브라함은 복을 잘 관리한 사람입니다. 아무리 많은 복을 받았다 해도 그것을 어떻게 운영하는가에 따라 인생의 성패가 좌우됩니다.

하나님의 마음을 가지고 복의 통로가 되는 인생은 너무나 복됩니다. 우리 모두는 아브라함의 믿음의 후손입니다. 복의 통로가 되는 복된 삶은 아브라함에게만 국한된 것이 아니라 아브라함처럼 하나님과 동행하는 자에게 보장된 복입니다. 하나님은 모두 각자 안에 다른 복을 나누어 심어 주셨습니다. 복은 나누고 사용할 때 나의 것이 됩니다. 삶 가운데 만나는 모든 문제들을 기회 삼아 이웃을 섬기고 세우는 마음을 내 안에서 찾아내어 아브라함의 믿음의 복으로 취하기를 소망합니다. 예수님을 의지하며 받은 사랑과 열심히 내 인생을 나누며 사는 복덩이로 살아가기를 원합니다.

사랑하는 아브라함의 하나님, 나의 하나님! 오늘도 믿음의 눈으로 모든 것을 바라보고, 믿음의 마음을 먹고, 믿음의 말을 하고, 믿음의 행동으로 걸어 갈 수 있도록 도와주소서! 이제까지 몸 담아 굳어진 불평, 불만 가득한 삐딱한 세속의 견해를 부단히 깨고 믿음으로 주님의 마음과 순전히 연합하여 모든 인간적인 억울한 마음, 판단의 습관을 버리려 합니다.

도무지 용납되지 않는 뒤틀린 이들일지라도 주님의 마음으로 끝까지 품을 수 있는 은혜의 마음을 주옵소서. 한없이 베푸는 아브라함의 뒤통수를 치며 자기 배를 채우는 롯이었지만, 아브라함은 한마디 섭섭하다 하지 않고 롯이 죽을 일을 당할 때마다 위험을 무릅쓰고 변함없이 뛰어와 구해 주고 함께해 주었습니다.

졸렬한 자기 생각으로 옥죄며 한없이 남에게 짐을 지우는 이들일지라도 그들의 얼어붙은 마음을 녹일 수 있도록 따뜻하게 기다려 주는 아브라함의 넓은 마음을 주옵소서. 별의별 것을 다 문제 삼고 스스로 의롭다 하며 의의 이름으로 정죄하고 범죄하는 자들의 의인 놀이에서 교회들이 자유하게 하여 주시길 간절히 간구합니다. 마음껏 주님을 섬기며 따스한 은혜가 가득히 흐르는 축복의 장이 되는 교회들이 되길 간절히 기도합니다. 주님의 몸 된 교회들 안에 축복하는 아름다운 마음만이 나눠지길 기도합니다.

우리 모두 갈 길을 모르나 하나님의 축복의 부르심을 따라나선 아브라함의 길을 따라가 그가 받은 모든 약속을 그대로 남김없이 누리는 복된 믿음의 사람, 복의 통로가 되기 원합니다. 주님께 꼭 붙어 나를 바라보는 자, 괴롭히는 자, 허는 자일지라도 그들을 돌려서라도 모두에게 복의 통로가 되렵니다. 나의 힘이 되신 주님, 보이지 않는 하나님을 보듯이 확실히 따르는 아브라함의 믿음에서 나오는 사랑으로 내 인생이 강하게 복을 풀어 놓는 복음의 삶이 되게 하소서. 주님을 사랑합니다. 내 마음에 넘치도록 충만히 임하소서. 아멘.

44

하나님을 바라보면
존귀한 인생이 된다

"야베스는 그의 형제보다 귀중한 자라 그의 어머니가 이름하여 이르되 야베스라 하였으니 이는 내가 수고로이 낳았다 함이었더라 야베스가 이스라엘 하나님께 아뢰어 이르되 주께서 내게 복을 주시려거든 나의 지역을 넓히시고 주의 손으로 나를 도우사 나로 환난을 벗어나 내게 근심이 없게 하옵소서 하였더니 하나님이 그가 구하는 것을 허락하셨더라"(대상 4:9-10).

바라보는 대상에 따라 우리의 인생 진로가 정해집니다. 돈을 열심히 바라보면 세상 모든 것이 돈으로 보입니다. 돈을 위해서라면 살인까지도 불사합니다. 권력을 바라보면 눈에 불을 켜고 힘 있는 자리만 잡으려 합니다. 여자(남자)를 바라보면 그 여자(그 남자)의 마음을 얻고 제 마음대로 하고픈 것에 삶이 집중됩니다. 문제만을 바라보면 그 문제에 삼켜져 버립니다. 문제의 크기가 자신이 감당할 범위를 넘어서면 해결의 길이 보이지 않아 힘겹기만 합니다. 그럴 때 문제를 잊고자 사람들은 손쉬운 방법으로 술을 마시거나 쾌락에 빠지거나 회피합니다. 온갖 종류의 쾌락에 마음을 빼앗기면 중독이 되고 자신을 삼키는 우상의 노예가 되는 것입니다. 각종 우상들에게 눈길을 주면 그가 바라보는 우상의 모습대로 비인격화 됩니다. 무엇을 바라보는가에 따라 인격이 달라집니다. 하나님을 바라보면 하나님을 닮은 인격의 사람이 됩니다.

야베스가 처한 환경은 그다지 바람직하지 못했습니다. 어떤 고통이었는지는 모르지만 그의 어미가 수고롭게 아이를 낳았습니다. 그수고가 얼마나 컸던지 자기 아들의 이름을 '고통'이라고 지었습니다. '야베스'란 이름의 뜻이 고통입니다. 야베스는 자라며 "얘, 고통아!"라고 이리저리 치이며 미운 오리 새끼로 자랐습니다. 구박받으며 사는 것은 결코 살맛 나는 상황이 아닙니다. 야베스는 그야말로자신의 더러운 처지가 진저리나게 싫었습니다. 지지리도 복 없는 인생이라고 생각했습니다. 좁디좁은 우물 안에 갇힌 것같이 답답하고숨통이 막혔습니다. 조여 오는 고통 속에서 아무리 둘러봐도 자신을도와줄 이의 손길은 어디에도 없었습니다. 지옥의 심연으로 빠져 들어가 절망의 바닥을 쳤습니다. 그 무엇도 근본적인 해결책이 되지않음을 깨달았습니다. 거기서 그는 고통을 더 이상 바라보지 않았습니다. 지푸라기라도 잡는 심정으로 자신의 숨 막히는 상황만 응시하던 눈을 하나님께로 돌렸습니다.

"오직 도움은 천지를 지으신 여호와, 절대 구원자 되시는 여호와, 이스라엘의 하나님에게서 오는 것이지요?" 하며 그의 머릿속 어딘가에 박혀 있던 믿음의 한 자락이 떠올랐습니다. 조상들을 모든 고통에서 구원해 주셨던 일을 깊이 생각하며 이스라엘의 하나님을 바라보았습니다. 눈동자같이 조상을 지켜 주던 하나님을 믿음으로 바라보고 시야를 바꾸며, 지경을 넓혀 주시길 구했습니다. 바라보는 대상을 확실히 바꾸었습니다. 그분을 바라보면서 소원하였습니다. 복에 복을 더해 주시라고 입으로 자신의 상황 바꾸기를 시인하고 복을 향해 나아갔습니다. 하나님께서 손잡아 주시기만 하면 살아날 수 있을 것 같았습니다. 하나님이 손을 꼭 잡고 일으켜 주시리라는 생각을 죽기 살기로 붙들었습니다.

벌떼같이 달려들어 마구 뒤흔드는 모든 번민의 소리들을 거절했습니다. 오직 주만 똑바로 쳐다보며 폭풍우 같은 환난 속을 죽으면 죽으리라는 심정으로 주님의 품에 자신을 맡겼습니다. 그리고 절박하게 부르짖었습니다. "복에 복을 더해 주세요. 지경을 넓혀 주세요. 주님, 손 잡아 주세요. 손을 꼭 잡아 도와주세요. 환난에서 벗어나게 해주세요. 근심에서 자유롭게 해주세요." 하나님은 자신을 목말라 찾고 의지하는 양을 책임져 주셨습니다. 그리하여 그의 생애는 어느 누구보다도 주님께서 동행하시며 귀히 여기시는 존귀한 자가 되었습니다.

어느 누구나 인생은 쉽지 않습니다. 다 나름대로의 어려움들이 산같이 있습니다. 그러나 우리 자신의 방법으로 해결하는 것은 언제나 임시변통일 뿐입니다. 야베스와 같이 바라보는 대상을 하나님으로 바꾼다면 "구하는 이마다 받을 것이요 찾는 이는 찾아낼 것이요 두드리는 이에게는 열릴 것이니라"(눅 11:10)는 약속의 말씀대로 그가 받은 모든 축복이 나의 것이 될 것입니다. 우리 모두가 주 앞에 존귀한 자가 될 수 있습니다. 내가 무엇을 바라보는가, 그 선택대로 열어 주시는 하나님을 찬양합니다.

이 세상 모든 것을 만드신 하나님!

인생을 만들고 운영하시는 하나님.

각자 인생에게 자기만의 아름다운 것을 심어 주시고

그것으로 형제와 더불어 기쁘게 사는 도구로 주신 하나님.

문제도 주시고 그 문제를 해결할 수 있는 힘도

내 안에서 끌어내어 이기도록 도우시는 하나님.

나의 공급자, 나를 지키시는 자, 나를 유지해 주시는 분,

나의 산성, 나의 안전지대, 내게 관계된 것을 완전하게 하시는 하나님.

애절히 나의 하나님, 주님만을 바라봅니다.

주님께 엎드려 부르짖습니다.

주님, 당신은 복을 주시는 분이십니다. 복에 복을 더해 주세요.

내 믿음의 지경이 넓어지는 복을 주세요.

좁디 좁은 마음의 지경을 넓히는 이해의 복을 주세요.

천국 소망의 지경이 넓어지는 복을 주세요.

주님, 손잡아 주세요. 손을 꼭 잡아 도와주세요.

주님의 손을 꼭 잡고 주님의 마음과 하나 되어 동행하도록

이 마음을 주님의 지성소로 드립니다.

매여 있는, 감당 못하는 문제의 환난에서 벗어나게 해주세요.

어리석은 세상 근심에서 자유롭게 해주세요.

주님의 마음이 다스리는 하늘나라가 내 안에 이루어지길 소원합니다.

이제는 모두를 품는 사랑의 복을 넓혀 주세요.

만나는 모두를 하나님께로 이끄는 사랑스러운 자 되게 하여 주세요.

저의 삶을 온전히 받으시고 주님이 기뻐 받으시는 삶으로 바꿔 주세요!

내 안에 내리는 당신의 평안이 변하여 기쁜 소식이 되어 흘러 넘쳐

생기를 불어넣는 복의 강물이 되렵니다.

당신을 온전히 사랑함으로 하나님과 한 심장이 되어

아골 골짜기의 바싹 메마른 뼈다귀들 같은 이들에게 복음을 전하여

생기가 들어가고 여호와의 군대들을 만드시는

당신의 영광스러운 부르심에 "예"라고 답하렵니다.

탈진해 지쳐 떨어진 당신의 백성들을 돌아보시는 당신의 애절한

섬김에 저의 전부를 드리며 당신과 함께 바라보며 따르겠습니다.

이제는 더 이상 만나는 문제들에 먹히지 않겠습니다.

"넌 실패 인생이야, 못난 인생이야" 놀려 대는 뱀에게 물려

독이 몸속에 퍼져도 더 이상 먹지 않고

주님이 나와 함께하심만을 기뻐함으로 비상하여

부활하신 나의 왕, 주님과 함께 평안으로 다스림을 누리렵니다.

나로 인하여 주님께서 천국을 풀어놓아 다니게 하렵니다.

마음을 짓누르는 고통으로 괴로워하는 이들에게 다가가

따뜻하게 만져 주시는 주님의 손길이 되렵니다.

오직 주님께 영광을, 주님께 전부의 사랑을 드립니다.

승리의 믿음으로 주님께 다가가도록 성령님이 이끄시는 대로 동행하며 이 땅에 하나님의 마음이 다스리는 성령 행전으로 인도하소서.

여호와 닛시!

I. 하나님 마음 듣기 가이드

1. 하나님 마음 듣기

- 하나님 마음 듣기 : 하나님 음성 듣기는 하나님 마음 듣기다.
- 하나님의 사람은 영 분별을 하고 산다.
- 하나님 마음 듣기 채널 고정하기
- 하나님의 의사 소통 통로는? 생각 〉 감정 〉 의지 〉 말 〉 행동

"모든 지킬 만한 것 중에 더욱 네 마음을 지키라 생명의 근원이 이에서 남이니라"(잠 4:23).

"그러므로 예수께서 자기를 믿은 유대인들에게 이르시되 너희가 내 말에 거하면 참으로 내 제자가 되고 진리를 알지니 진리가 너희를 자유롭게 하리라"(요 8:31-32).

"나는 하나님의 기쁨"(창 1:31, 습 3:17).

2. 마음의 운전사 / 선악과 따기(신자의 삶은 영적 전쟁이다)

행위 구원(스스로 하나님이 되려는 자기 실현이 목적)에 뿌리를 둔 인

본주의 휴머니즘(자기 생각이 판단의 잣대인 선악과적 사고 구조)인 사람의 뜻으로부터 하나님 성품을 닮은 하나님 형상화를 목적으로 하는 은혜 구원으로의 의식 구조 전환이 필요하다. 이를 위해 삶의 영적 싸움터인 마음의 지성소화가 우리의 과제다.

3. 육의 견고한 내면의 진 / 무화과 잎새(모래성)

견고한 진

4. 영혼을 죽이는 음성 : 악성 바이러스 / 죄(마귀 음성)

• 탐심 / 도적질당한 마음 : 아담, 하와, 솔로몬

• 교만 : 라멕

• 비교 심리(시기심) / 죽임당한 마음 : 가인, 사울

• 의심, 불만, 반항심 : 아론, 미리암, 고라

• 자기 의 / 골병 든 마음 : 욥, 요나

• 세상 사랑 / 쾌락 : 삼손 ; 물질 사랑 : 아나니아, 삽비라

5. 영혼을 살리는 음성 : 하나님의 마음

• 겸손 / 살아난 마음 : 삼손, 베드로

• 순종 / 살리는 마음 : 다윗, 요셉, 바울

• 하나 됨의 파워 / 승리를 취하는 전쟁 : 여호수아

> "너는 마음을 다하여 여호와를 신뢰하고 네 명철을 의지하지 말라 너
> 는 범사에 그를 인정하라 그리하면 네 길을 지도하시리라"(잠 3:5-6).

> "내 이름으로 일컫는 내 백성이 그들의 악한 길에서 떠나 스스로 낮
> 추고 기도하여 내 얼굴을 찾으면 내가 하늘에서 듣고 그들의 죄를
> 사하고 그들의 땅을 고칠지라"(대하 7:14).

하나님의 견고한 믿음의 진 세우기

마귀가 죄를 통해 왕노릇하는 이 세상은 예수님과 구원받은 이들
로 이루어진 하나님 나라와 마귀 왕국과의 치열한 영적 전쟁 중에
놓여 있다. 그런데 전쟁의 주된 싸움터는 모든 인간의 마음이다.
죄의 견고한 진으로 이루어진 내 안의 마귀 족쇄를 벗고 예수님의
새 성품으로 바뀜으로 하나님 나라가 이 땅에 확장되어 간다.

1. 나의 견고한 진 내려놓기(옛 사람 육적 성품 벗기)

- 자신에 대한, 남에 대한, 하나님에 대한 깊은 회개
- 나의 불안, 나의 불만 / 나의 목마름, 나의 비판적 태도, 나의 파괴적 언어, 나의 고질적 나쁜 행동

"우리의 싸우는 무기는 육신에 속한 것이 아니요 오직 어떤 견고한 진도 무너뜨리는 하나님의 능력이라 모든 이론을 무너뜨리며 하나님 아는 것을 대적하여 높아진 것을 다 무너뜨리고 모든 생각을 사로잡아 그리스도에게 복종하게 하니 너희의 복종이 온전하게 될 때에 모든 복종하지 않는 것을 벌하려고 준비하는 중에 있노라"(고후 10:4-6).

2. 하나님의 견고한 진 세우기(새 사람 예수님 성품 입기)

"너희는 유혹의 욕심을 따라 썩어져 가는 구습을 따르는 옛 사람을 벗어 버리고 오직 너희의 심령이 새롭게 되어 하나님을 따라 의와 진리의 거룩함으로 지으심을 받은 새 사람을 입으라"(엡 4:22-23).

"하나님의 전신갑주를 입으라"(엡 6:11).

- 진리의 허리띠 - 의의 흉배 - 평안의 복음의 예비한 신 - 믿음의 방패 - 구원의 투구 - 성령의 검 / 말씀 - 무시로 깨어서 성

령 안에서 기도

- 자신에 대하여, 남에 대하여, 하나님에 대하여
- 십자가의 용납, 용서, 섬김, 중보, 감사, 축복을 덧입자.
- 생명의 길은 오직 예수, 오직 말씀, 오직 믿음, 오직 성령, 오직 은혜, 오직 기도, 오직 하나님께 영광
- 하나님 임재, 기름 부으심, 하나님과 동행, 하나님의 음성을 듣는 자, 하나님의 마음을 가진 자, 하나님이 그 자신을 알려 주시는 마음, 하나님의 약속, 성품, 기쁨, 평안에 거하기
- 누구의 음성을 듣는가(누구에게 그대의 마음을 주는가)?
  1) 육신의 소욕을 통해 나오는 마귀의 마음(선악과)
  2) 성령의 소욕을 통해 흘러 나오는 하나님의 마음(생명과)
- 하나님의 시스템 : 생명과 / 관계의 친밀도 / 사건 중심
  하나님의 시스템과 나의 시스템의 만남의 비밀의 문 〉신뢰의 문
- 신뢰를 통해 일하시는 하나님 / 하나님의 성품, 즉 하나님의 마음이 들리는 통로인 삶의 문제는 은밀한 관계 회복으로의 초대
  : intimacy(가까움의 정도)
- 신뢰는 하나님의 시간(카이로스)을 여는 키 : 카이로스는 관계의 시간이다.
- 하나님 성품과 하나님 말씀이 신뢰의 방편이다 : 오직 말씀을 믿음으로 생명이 살아난다.
- 하나님의 안식 : 하나님의 형상의 임재(하나님의 시각으로 모든 상

황을 바라봄)

"주 여호와 이스라엘의 거룩하신 이가 이같이 말씀하시되 너희가 돌이켜 조용히 있어야 구원을 얻을 것이요 잠잠하고 신뢰하여야 힘을 얻을 것이거늘…(In repentance and rest is your salvation, in quietness and trust is your strength)"(사 30:15).

• 친밀한 관계 중심(intimacy) / 지성소
우리의 힘은 하나님의 안식 가운데 그분을 신뢰하는 데서 온전히 나온다.

하나님 마음 듣기 연습 기도

• 하나님 말씀에 무지하여 관심이 없어 기도하지 않고 세상 염려와 섭섭한 생각으로 가득 채워 마음을 불안 가득한 분주한 마음으로 내버려 둔 것을 회개합니다.

• 이제 말씀(고전 10:4-6)에 의지하여 죄된 습관의 견고한 진을 파하도록 하나님의 마음 듣기를 간절히 사모합니다.
"성령님, 내려놓아야 할 것들과 내 마음의 중심에 확실히 모시고 붙들어야 할 말씀이 생각나도록 인도해 주세요."

내 모든 이론을 파하며(자신을 비하하는 마음 〉 나의 분한 생각, 비난)

내 안에 하나님 아는 것을 대적하여 높아진 것(비판, 자기 연민 〉

분하여 원수 갚으려는 격한 마음)을 다 파하고

모든 생각을 사로잡아(모든 부정적인 생각, 상한 마음, 억울함, 섭섭함,

자기 고집, 편견, 비판, 정죄, 의심, 두려움, 염려, 비판, 불타는 복수심)

그리스도에게 복종하게 하니(예수님은 나의 왕이십니다. 모든 죄된 생

각을 버리고 나의 생각, 감정, 뜻을 주님의 마음으로 바라보며 맞춥니다.)

• 나의 복종이 주님께 온전히 되도록

십자가의 피로 격한 마음의 풍랑을 잠재워 주시고 모든 복종하지

않는 견고한 고집스러운 나의 죄가 크게 보이도록 도와주세요.

성령님이 생각나게 해주시는 나의 모든 육에서 나오는 혈기를 깨

주세요.

내 속사람은 하나님의 법을 즐거워하는 것 같은 모양은 있으나

내 안에 죄의 법 아래로 나를 사로잡습니다. 나는 참으로 곤고합

니다.

죄가 왕된 이 사망의 지옥에서 나를 건져 주세요.

주님의 평안, 주님의 평강이 내 마음을 다스려 주시길 간절히 사모

합니다. 주께서 입만 살아 있는 나를 구해 주시고 정죄도 하지 않

으시니 내 영혼이 살아났습니다. 주님의 생명이 나를 죄의 지배에

서 해방시켜 주십니다.

아, 나는 주님께 속하였습니다. 나를 어두운 곳에서 불러내어 평안과 기쁨이 넘치는 기이한 빛의 하나님 나라에 들이십니다.

나는 주님의 백성입니다. 나를 다스려 주세요.

II. 큐티 가이드

다음은 시편 119편의 말씀입니다.

"여호와의 증거들을 지키고 전심으로 여호와를 구하는 자는 복이 있도다"(시 119:2).

"내 눈을 열어서 주의 율법에서 놀라운 것을 보게 하소서"(시 119:18).

"내가 성실한 길을 택하고 주의 규례들을 내 앞에 두었나이다"(시 119:30).

"내 눈을 돌이켜 허탄한 것을 보지 말게 하시고 주의 길에서 나를 살아나게 하소서"(시 119:37).

"진리의 말씀이 내 입에서 조금도 떠나지 말게 하소서"(시 119:43).

"주의 증거들은 영원히 은혜로우시니 나로 하여금 깨닫게 하사 살게 하소서"(시 119:144).

"주의 말씀의 맛이 내게 어찌 그리 단지요 내 입에 꿀보다 더 다니이다"(시 119:103).

"주의 계명을 지키기에 신속히 하고 지체하지 아니하였나이다"(시 119:60).

"나로 하여금 깨닫게 하여 주소서 내가 주의 법을 준행하며 전심으로 지키리이다"(시 119:34).

깊은 말씀 묵상은 성경 말씀에 알고 싶은 질문들을 하고 그 답을 말씀 속에서 찾아내는 것입니다. 질문을 얼마나 잘하는가에 따라 그 답을 발견하는 재미란 흙덩이 속에 파묻힌 보화를 캐내는 것이랄까요! 이런 식의 훈련을 해본 적이 없다면 처음에는 서툴 것입니다. 성경 말씀이나 인물들을 이런 식으로 전체적으로 묵상한다면 아마 본인도 인식하지 못하는 영안이 열려 말씀을 보는 눈이 밝아질 것입니다. 질문을 돕기 위해 다음의 가이드 질문을 만들어 보았습니다. 아래 질문 사항들을 그대로 복사하여 답을 적어 보세요. 말씀과 더불어 생각하는 좋은 훈련이 될 것입니다. 꿀송이 같은 보화를 캐내는 재미를 느끼기를 축복합니다.

1. 큐티 준비 단계

말씀이 우리 속에 역사하도록 우리가 할 일이 있습니다.

1) "그러므로 믿음은 들음에서 나며 들음은 그리스도의 말씀으로 말미암았느니라"(롬 10:17).

이 말씀대로 믿음은 말씀을 들음에서 옵니다.

우선 아버지께서 무슨 말씀을 하시는지 간절히 듣고 싶어하는 마음의 준비가 필요합니다. 모든 큐티는 성령께서 주재하시길 간절히 기도함으로 시작합니다.

들을 자세가 되어 있지 않으면 천만 번 읽어도 전혀 들어오지 않습니다. 성령께서 주님의 말씀을 경청하고, 간절히 듣고 따르려는 목마른 사모하는 심령을 주시길 간절히 기도합니다.

2) 이제 말씀 앞에 자신을 고요히 붙들어 앉힙니다.

2. 관찰(본문 내용 요약)

관찰 가이드

성경 본문에서 하나님이 무엇을 말씀하시려는 것인지 알고, 우리의 생각이 그 중심의 흐름을 따라가며 내용을 객관적으로 파악, 이해하도록 훈련하는 것이 목적입니다.

1) 알아보기 쉬운 순서대로 말씀 내용을 요약하고 관찰합니다.
2) 알아보기 쉬운 인물 중심으로 장소, 사건들의 배경 등을 적어 봅니다(set the context).
  (1) 작가를 살핀다. (2) 역사적 배경을 살핀다. (3) 반복되는 키워

드에 줄을 긋고 적어 본다. (4) 주제를 파악한다. (5) 육하원칙(5w 1h - who, what, when, where, why, how)에 따라 본문을 읽어 가며 말씀 속에 들어 있는 하나님의 마음을 질문하고 답을 말씀에서 찾아보며 파악한다.

- 제일 먼저 알아보기 쉬운 것부터 시작해서 말씀을 자세히 관찰하다 보면 차차 내용이 깊이 이해됩니다. 소가 되새김질하듯 반복해서 음미하다 보면 암송도 절로 되고 말씀이 의식, 무의식까지 심령에 깊이 뿌리내리게 됩니다.
- 본문 내용을 요약하고 관찰하면 전체 그림을 파악할 수 있습니다.
- 중심이 되는 하나님의 뜻에 부분적인 것들이 어떻게 연결되는지를 알 수 있습니다.
- 하나님의 마음을 따라 생각하는 법을 배우게 됩니다.
- 말씀 앞에 앉아 차분히 생각하는 훈련을 하면서 인내를 배우게 됩니다.
- 말씀의 맥을 제대로 따르면 개인의 사사로운 생각으로 치우치는 것을 방지해 줍니다.
- 정확히 내용을 관찰한 만큼 적절한 해석이 나오게 됩니다.

3. 묵상

말씀의 기준대로 내 생각을 전환하기 위한 말씀 묵상의 잣대는?

• 하나님의 성품과 하나님의 말씀은 영원히 불변하는 절대 기준 (Canon), 진리입니다.

언제나 완전하신 공의와 절대로 변하지 않는 사랑이라는 하나님의 성품에 대한 절대 신뢰의 믿음을 성경 해석의 잣대로 삼으면 아무리 어려운 말씀도 조금씩 이해가 됩니다. 문자적 표현보다는 우리를 향하신 하나님 아버지의 깊은 사랑의 마음을 알아보도록 간절히 구하면 성령께서 분명히 이해되도록 우리 수준에 맞게 풀어 주심을 명심하기 바랍니다. 하나님은 우리를 만드시고 복을 주셨습니다(창 1:28). 하나님이 우리에게 주시는 모든 것은 다 영원한 아가페 사랑에서 나온 복임을 진리의 잣대로 삼고 말씀을 묵상해 보세요. 하늘이 놀랍게 열립니다. 성령님과 함께 깊이 생각하는 묵상 방식입니다.

• 어떤 질문들이 있을까?
1) 말씀에 보이는 하나님의 성품은? 2) 하나님의 관심은? 3) 하나

님이 본문을 통해 어떤 사랑의 고백을 하게 하시는가?

이런 질문들을 가지고 감동이 되는 말씀 중심으로 나의 반응을 적어 내려 갑니다.

4. 적용(기도)

관찰, 묵상한 말씀을 구체적으로 삶에 적용하며 결단 기도를 드립니다.

적용(기도) 가이드

"그리스도의 말씀이 너희 속에 풍성히 거하여 모든 지혜로 피차 가르치며 권면하고 시와 찬송과 신령한 노래를 부르며 감사하는 마음으로 하나님을 찬양하고"(골 3:16).

- 말씀을 음미하는 가운데 자신의 문제, 질문 사항, 감사할 일, 회개할 일 등에 연결해 보면 말씀이 나의 기도 제목에 적용됩니다. 시작은 미숙하나 매일 말씀을 아버지께서 계속 주시는 사랑의 고백으로 여기며 가슴으로 읽는 연습을 하면, 언젠가부터 말씀이 나에게 개인적으로 하시는 말씀으로 들립니다.

- 이해된 내용에 따라 우리 삶에 적용이 쌓여 가면 자연스레 주님의 마음이 우리 가슴 속에 스며들게 됩니다. 깊은 말씀 묵상에 들어감은 아버지와 나의 영혼이 하나 되어 사랑으로 화답하는 밀실, 지성소에 들어간 것입니다. 아버지의 사랑 고백, 이에 대한 우리의 감사 넘치는 찬양, 흘러 넘치는 사랑의 임재, 밀어 주시는 약속을 힘입고, 기쁨이 충만한 하나님의 가슴을 품고 세상에 나옵니다.
- 말씀의 약속들이 하나하나 구체적으로 삶 속에서 체험됩니다.
- 구체적으로 체험된 만큼 하나님과의 사랑의 끈도 두터워집니다.
- 자연스레 흘러나오는 말씀 따라 '코람데오' 하나님의 임재를 연습합니다.
- 말씀이 모든 생각, 감정, 의지를 주도해 가고 성령으로 충만하여, 모든 환경을 뛰어넘어 주님과 계속 연합함으로써 순종합니다.
- 걸어 다니는 주님의 성전이 되어 주님과 동행하는 산 예배자로 살아갑니다(요 1:14).
- 결과적으로 은혜 가운데 사는 우리의 모습 속에서 그리스도의 인격이 묻어 나와 인격 변화의 놀라운 역사가 따라오니, 이 땅에 하나님 나라의 영토가 늘어납니다.

■ 말씀 묵상 큐티 폼

날짜 _____ 묵상 본문 _____

◎ 은혜 받은 핵심 말씀

◎ 관찰 요약

◎ 묵상(받은 감동에 대한 나의 반응)

 하나님은 어떠한 분이신가?

받은 감동 말씀에 담긴 하나님의 사랑 고백은 무슨 내용인가?

◎ 적용 기도(하나님의 사랑 고백에 대한)

나의 찬양

나의 회개

나의 감사

나의 간구에 해당되는 것을 포함해 간절히 기도 드린다.

III. 인물 큐티 가이드

■ 깊은 하나님 형상 회복이 일어나는 인물 묵상 폼

_____ 묵상

참고 성구 : _____

1. 관찰

인물에게 일어난 연대순	일어난 사건에 대한 인물이 보인 반응, 행동	이를 다루시는 하나님의 처방

2. 묵상

1) 인물이 속고 있던 중심 문제(인물이 딴 선악과)는?

2) 하나님이 의도한 훈련과 결과(하나님이 준비하신 생명과)는?

- 하나님의 성품을 체험하고 나서 하나님과의 관계가 어떻게 진전되었는가?
- 달라진 삶의 목표와 자세는?
- 달라진 대인관계와 인생관, 세계관은?

3. 종합 묵상

인물을 묵상한 후 전체적인 나의 반응

4. 적용

1) 자신의 삶을 인물 묵상에 준해 볼 때

- 내가 속은 마귀의 거짓말은?
- 인물 묵상을 통해 주신 하나님의 마음(진리)은?
- 순복을 위해 꼭 붙들 하나님의 약속이나 하나님의 성품은?

2) 순복을 위한 결단과 적용 기도를 적어 보자.

_____

_____

■ 인물 묵상 간소 폼[예시]

_____ 묵상

참고 성구 : _____

1. 관찰

1) 인물에게 일어난 사건을 순서대로 적어 보자.

2) 사건 중에 인물이 보인 반응은?(특히 제 눈에 좋을 대로 반응한 것에 밑줄을 그어 보자.)

3) 인물이 보인 반응에 대한 하나님의 처방은?(생명과)

2. 묵상

인물의 행동에 대한 나의 반응

인물이 경험한 하나님의 성품

3. 적용

1) 인물과 동일하게 내가 속았던 마귀의 거짓말은?

2) 인물을 묵상하면서 만난 하나님의 성품은?

3) 적용과 결단 기도

　순복을 위한 적용과 결단 기도

_____

_____

_____

■ 인물 묵상 참고 성구

1	아담	창 1–3장, 롬 3:12–13, 고전 15:22–29, 살전 5:23
2	하와	창 2–5장, 고전 11:3–12, 딤전 2:15, 엡 5:21–33
3	가인, 아벨	창 4–5장, 눅 3:38, 히 11:4, 요일 3:11–15, 유다 11절
4	노아, 셈, 함, 야벳	창 5:21–10:1, 히 11:7, 벧전 3:20, 벧후 2:5, 마 24:37–39, 사 54:9, 겔 14:14, 20:1, 대상 1장
5	아브라함, 사라	창 11:10–25:9, 사 41:8 ; 51:2, 요 8:33–39, 갈 3:6–29, 히 11:8–13, 약 2:21–23
6	이삭, 리브가	창 17–21장, 히 11:17–20, 약 2:21–23
7	야곱, 레아, 라헬	창 27–35장 ; 46–49장, 마 22:29–33, 요 4:6–14, 행 7:6–19, 롬 9:9–13, 히 11:20–21
8	요셉, 보디발의 아내	창 37–50장, 행 7:9–19, 히 11:21–22
9	유다, 다말	창 29:31–35 ; 38:11–30 ; 49:3–12, 민 24:16–19; 수 15:1–12, 삼하 2:1–11, 마 1장, 눅 3:23–38, 히 8:7–13, 계 5:5
10	모세, 요게벳, 십보라	출 1–24장, 민 9–21장 ; 32–34장, 행 7:22–46, 요 3:14–16 ; 6:31–35, 히 3:1–19 ; 11:23–29
11	아론	출 4–17장 ; 24장 ; 30장, 민 17–20장, 레 8–10장 ; 16–17장, 시 106:8–16, 히 4:14–5:4 ; 7:4–19 ; 9:1–15
12	여호수아	출 17:8–16 ; 24:12–18 ; 33:11, 민 13–14장 ; 27장, 수 1–7장 ; 10장 ; 13장 ; 23–24장, 행 7:44–46, 히 4:6–8 ; 11:30
13	라합	수 2장 ; 6장, 마 1:5, 히 11:31, 약 2:25
14	룻	룻 1–4장, 마 1:5
15	한나	삼상 1–2장
16	사무엘	삼상 1–10장 ; 16장 ; 19장 ; 25:1, 대상 9:22 ; 26:28 ; 29:29, 행 3:24 ; 13:2, 히 11:32–34
17	사울	삼상 8:31장, 대상 10장, 행 13:21
18	다윗, 밧세바, 아비가엘	삼상 16–31장, 삼하 전체, 대상 15장 ; 25장, 왕상 1–2장, 마 1:1, 22:41–45
19	요나단	삼상 13–14장 ; 18–20장 ; 23장 ; 31장, 삼하 1장 ; 9장
20	야베스	대상 4:9–10
21	솔로몬, 여로보암	왕상 1–11장, 대하 1–9장, 마 6:29 ; 12:42, 요 10:23, 행 5:12, 7:47
22	요하스	왕하 11–12장 대하 23–24장 마 23–35장
23	엘리야, 엘리사	왕상 17–21장, 왕하 1–8장, 말 4:5–6, 마 17:1–13, 눅 4:25 ; 9:8–21, 약 5:17–18, 계 11:3–12
24	히스기야	왕하 16–21장, 대하 28–32장, 사 36–39장, 렘 15:4 ; 26:18–19
25	아합과 이세벨 부부	왕상 16:18–22장, 왕하 9장
26	여호사밧	왕상 22장–왕하, 대하 17–21:1
27	요시야	왕하 22–23장, 대하 34–35장

28	아비야(히스기야 어머니)	대하 29장
29	아달랴(여호람 아내 아하시야 어머니)	왕하 11장, 대하 21-23장
30	므낫세 &아몬	왕하 21장, 대하 33장
31	여호와하스 / 여호야김 여호야긴 / 시드기야	왕하 23-25장, 대하 36장
32	에스라, 느헤미야	스 1-10장, 느 1-13장, 사 44:28-45:1-4, 13
33	에스더	에 1-10장
34	이사야	사 1-12장 ; 40-66장, 마 12:7, 눅 24:44, 롬 9:27 ; 10:16 ; 15:12, 벧전 1:10
35	예레미야	렘 1장 ; 14-20장 ; 26-45장, 마 16:13-16 ; 2:17 ; 27:9, 히 8:8-12
36	느부갓네살	왕하 24-25장, 단 1-5장
37	다니엘	단 1-12장, 마 24:15, 막 13-14, 히 11:33-34
38	요나	요나 1-4장, 왕하 14:25, 마 12:38-41, 눅 11:29-32
39	스가랴	슥 1-14장, 마 24-25장, 계 19:7-21
40	하박국	합 1-3장
41	욥	욥기
42	사도 요한	요 1-7장 ; 20-21장, 막 1:19-20, 마 20:20, 계 1:1-10, 요일, 요이, 요삼서
43	세례 요한	마 3장, 눅 1장, 3장, 요 1장, 사 40:3-5, 말 3:1 ; 4:5-6
44	가룟 유다	마 10:2-6 ; 26:14-25 ; 26:47-50 ; 27:3-10, 요 6:70-71 ; 12:3-8 ; 13:21-35, 행 1:16-19
45	도마	마 10:1-6, 요 11:1-16 ; 14:1-6 ; 20:19-31 ; 21:1-2, 행 1:13
46	베드로	요 1:40-42 ; 20:1-8 ; 21:1-22, 마 4:18-31 ; 16:13-23, 마 26:69-75 ; 28:16-20 ; 행 1-12장 ; 15장, 벧전후서
47	사도 바울	행 9-28장, 롬 7:15-25, 고후 4장, 갈 1:10-24 ; 3장, 엡 4장, 딤후 4장
48	바나바	행 4:32-37, 행 11-15장, 갈 2:1-18
49	예수님의 동생 야고보	마 13:55-57, 막 6:1-6, 행 1:13-14 , 15:13-23, 고전 15:7, 갈 1:19 ; 2:9-12 ,약 1-5장, 유 1장
50	마가, 요한	행 12-13장, 15:36-41, 골 4:10-11, 딤후 4:9-11, 벧전 5:13
51	마태	마 9-10장, 막 2-3장, 눅 5-6장, 행 1장
52	누가	눅 1:1-4, 골 4:14, 딤후 4:11, 몬 1:24, 행 16:1-17 ; 20:5-21:17 ; 27-28장
53	예수님의 어머니 마리아	마 1-2장, 눅 1-2장, 막 6장, 요 19:25-27, 행 1:14
54	베다니 마리아, 마르다	마 26:6-13, 막 14:3-9, 눅 10:38-41, 요 11장 ; 12:1-3
55	막달라 마리아	마 27-28장, 막 15-16장, 요 8 ; 19 ; 20장

위의 인물 묵상은 다음(Daum) 카페 '맑은 영성의 삶', 구약 및 신약 인물 묵상방을 참고하시기 바랍니다 (http//cafe.daum.net/samoheenyoung).

IV. 지성소 큐티 가이드

말씀 묵상할 때 말씀을 통해 성령님이 나에게 말을 거시도록 합니다. 주님과 깊이 대화하면서 사귐을 갖습니다.

1. 성령님은 내가 말씀을 묵상할 때 나에게 말을 걸고 대화하기 원하심을 알아야 합니다. 간절히 성령님이 말씀해 주시길 사모하고 기도로 묵상을 시작합니다.

2. 성령님은 매우 예민하고 낯가림이 심하시기 때문에 성령님이 말씀하실 분위기를 조용히 만들고, 고요히 사모하는 심령으로 묵상을 기꺼이 준비해야 합니다.

3. 분주한 마음, 빨리하고 다음 일 해야지 하는 마음으로 서둘러서는 안 됩니다. 그런 마음이면 성령님이 전혀 움직이지 않고 지켜만 보십니다.

4. 묵상 시간을 아무리 길게 해도 마음에 잡스러운 생각이 가득하면 성령님은 내가 정리될 때까지 기다리십니다. 시간은 양이 아니라 질이 중요합니다. 집중하여 질적인 시간으로 드려야 합니다. 성령님과의 만남을 방해받지 않는 은밀한 사귐의 시간을 만드십시오.

5. 말씀 묵상 시 마음가짐과 태도(Attitude for Readiness)가 제일 중요합니다. 받아 들이는 수용의 자세, 갈급한 목마름, 기꺼이 말씀을

적용하고자 하는 자세를 갖습니다.

6. 우리가 대통령을 만난다면 어떻게 하겠습니까? 절대로 시간을 때우는 급한 마음이면 곤란합니다. 절대 혼자 뛰어가는 나 홀로 독백 큐티는 안 됩니다.

7. 일단 성경공부를 통해 말씀 내용을 정확하게 파악하고 있어야 합니다. 통독은 묵상의 베이스 캠프입니다. 통독을 통해 성경의 넓이를 경험하고, 묵상으로 깊이를 체험해야 합니다.

8. 가장 마음에 감동되는 말씀을 내 영혼에 자연스레 흐르도록 반복해 읽고 또 읽습니다. 또한 그 말씀을 가지고 질문, 고백, 회개, 감사 등을 하며 주님과 마음을 주고받는 훈련을 합니다. 그러다 보면 어느 순간부터 말씀을 통해 주님께서 직접 내게 말씀하십니다. 그 레마를 체험해야 합니다.

9. 말씀이 내 안에서 물 흐르듯 흐르게 하는 방법을 배워야 합니다. 말씀이 삶의 현장에서 생명으로 깊이 흐르게 해야 합니다. 말씀하시는 주님의 마음을 깊이 새겨야 합니다. 삶에서 말씀하시는 주님을 만나고 항상 동행해야 합니다. 그것이 산 예배입니다.

"너희는 이 세대를 본받지 말고 오직 마음을 새롭게 함으로 변화를 받아 하나님의 선하시고 기뻐하시고 온전하신 뜻이 무엇인지 분별하도록 하라"(롬 12:2).

우리의 의식 구조, 생각하는 방식이 말씀으로 새롭게 변화된, 다시 말해 하나님의 형상화가 회복된 예배자의 삶이 큐티의 궁극 목표입니다.

10. 성령님! 저와 함께 사랑을 누려 볼까요?

　　Are you ready? Shall we dance?

성령님이 말씀하시는 큐티는 필히 주고받는 쌍방 통행 핑퐁 플레이 사랑 나누기 묵상입니다. 말씀에는 하나님의 다양한 사랑 고백이 들어 있기에 그 사랑을 제대로 알아들어야 병들고 성장이 멈춘 우리 안의 사랑의 통로가 뻥 뚫립니다. 주님 사랑이 영혼육 깊숙이 스며들어 내 삶이 그분의 사랑 표현으로 사용되는 것이 땅끝까지 이룰 천국화 선교이자, 부르신 자들에게 부여된 영광스러운 사명입니다. 죽기까지 날 사랑한 증거, 십자가 사랑 안에 거하며 그 사랑을 나누어야 합니다. 십자가만이 생명을 살리는 복음입니다.

깊은 샬롬을. 여호와 삼마. 축복합니다.